U0763184

国学概论选粹

國學概要

民国三十六年（1947）
龙门联合书局排印本

杜泽逊 主编

青岛出版集团
青岛出版社

《国学概论选粹》序言

◎杜泽逊

所谓“国学”，即一国之传统学问。中国之所以为中国，在于中国有本国之独特学问。其学问博大精深，主流为经、史、子、集四部，旁支则释、道二家之学，其根基则中国语言文字之学。总结中国固有之学问，模式甚多，清代乾隆修《四库全书总目》二百卷，张之洞誉为“良师”，至今奉为门径。近世有概论之学，分章分节，构建体系，于是有“国学概论”之作，其书甚多，尤以二十世纪二三十年代为盛。其专门机构则清华大学国学研究院、北京大学研究所国学门、无锡国学专修学校、章太炎苏州国学讲习会，皆其显耀者。二十世纪八十年代，国家改革开放，引进西方科学技术、文化教育、生活习俗，倾心者甚至主张全盘西化，而我国固有之学问激发而起，迎来“国学热”。揆文化发展之理，凡一国开放之世，则本国固有之学问必强势而兴，内外交汇激荡，而文化得以进步，故西学、国学皆新文化建设之基础，不可偏废。然则，学习国学实非守旧，乃开新之津要，民族自信之源泉也。青岛出版社吴清波学长有感于斯，邀余择取国学概论之精且易读者重印以飨同好，因约李君振聚讨论而甄选之，本辑计六种：洪北平《国学研究法》、王易《国学概论》、马瀛《国学概论》、陶庸生《国学概要》、曹聚仁《国故学大纲》、甘鹏云《经学源流考》，先行付印，李君略作解题，以为导读。佳者尚夥，宜次第刊传之。

2022年5月16日

于山东大学文学院

《国学概要》

陶庸生　著

民国三十六年（1947）
龙门联合书局排印本

陶庸生，江苏镇江人。生于清光绪十三年（1887），卒于民国三十七年（1948）。曾任江苏省立第一商业学校教务处主任，江苏省立常州中学、上海中学及私立育材中学等学校国文、英文教员，安徽省立公署教育科秘书等职。

《国学概要》书初稿毁于“一·二八事变”，后作者再加增改，于民国三十五年七月由龙门联合书局排印出版，民国三十六年八月再版。第一编《经学》，附编《小学》，第二编《史学》，第三编《哲学》，第四编《文学》，每章之末，间有对正文中所涉及书名、人名及专有名词等的注释。作者博采群书，参考众说，征引当时学者梁启超、胡适、章太炎、王国维、罗振玉等人观点，加以剪裁，立意取其允当，主旨要在客观，而沿流溯源，提纲挈领，辨疑析异，学者可据此以寻国学之门径。

前有民国三十四年十一月陶庸生识语，述编纂始末及意旨云：

是书为多年来大学及高中选修之讲义。博采群书，立意取其允当参考众说，主旨要在客观，而沿流溯源，提纲挈领，尤斤斤焉勿失，俾学者可据此以寻国学之门径。述而不作，几经修改。曩年已由书肆付梓，未出版而一二八之衅作，稿已多散佚。诸生所有之讲义泰多遗亡。兹经搜拾，再加损益，印成是册。倘荷垂青采为教本者，如以钟点无多，则材料之剪裁，讲授之繁简，谅能因时制宜也。即学生用以自修，亦可示其津梁。惟国学宏深，非浅陋能窥堂奥；时贤著作，已博引掇其菁华。倘蒙明达之士，教正焉，鉴谅焉，则幸甚矣。

陶庸生《国学概要》，以经学、史学、哲学、文学为四区，以小学为经学之附编。

陶庸生于哲学一编下分《概述》《周秦诸子之哲学》《儒道墨法诸家学说之同异》《历代之治子学》四章，可知哲学约同于子部之学。而文学一编下有《概述》《历代文学之流变》《历代之文散》《辞赋》《骈文》《诗》《词》《剧曲》《小说》九章，知文学约同于集部之学，仍不脱传统的经、史、子、集四科分类的窠臼，然重在梳理源流，提纲挈领，使传统学术系统化，又非传统经、史、子、集分类仅具列书单者可比。

陶庸生纂著是书，虽多因袭辑述旧文，但并非拘于一虚，不见大道，对当时新见亦有引述，并有自己的观点。如对诸子的起源问题，虽沿袭《七略》《班志》的旧说，标题曰“诸子出于王官”，但行文所及，对当时人的新见，亦加征引。如引述当时学者胡适的“诸子不出于王官论”，认为胡适所论，并无太多依据，并提出自己的见解，谓《七略》与《班志》所提出的诸子出于王官，是有所依凭，并非空穴来风：“要知出于某官者，特谓其发源之所自，而后发扬光大，终成一家之言，正不必数典忘祖，入主出奴。况刘歆亲校秘书，谅有师承，岂妄加臆度乎？”读者读此文字，正可以识学术观点之用，引起兴趣，循此线索，由浅入深进行探索研究。

國學概要

陶庸生著

龍門聯合書局發行

·国学概要·

龙门联合书局

一九四七年版

引言

是書爲多年來大學及高中選修之講義。博采羣書，立意取其允當，參考衆說，主旨要在客觀，而沿流溯源，提綱絜領，尤斤斤焉勿失，俾學者可據此以尋國學之門徑。述而不作，幾經修改。曩年已由書肆付梓，未出版而一二八之變作，稿已多散佚。諸生所有之講義，泰多遺亡。茲經搜拾，再加損益，印成是册。倘荷垂青，採爲教本者，如以鐘點無多，則材料之剪裁，講授之繁簡，諒能因時制宜也。卽學生用以自修，亦可示其津梁。惟國學宏深，非淺陋能窺堂奥；時賢著作，已博引掇其菁華。倘蒙明達之士，教正焉，鑒諒焉，則幸甚矣。

陶庸生識於江蘇省立上海中學　三十四年十一月

·国学概要·

龙门联合书局
一九四七年版

目錄

·国学概要·
龙门联合书局
一九四七年版

·国学概要·
龙门联合书局
一九四七年版

·国学概要·
龙门联合书局
一九四七年版

·国学概要·
龙门联合书局
一九四七年版

·国学概要·
龙门联合书局
一九四七年版

第一編　經學

第一章　概述

經之意義　周禮天官太宰：「以經邦國，」註，「經，法也。」是以治天下之法曰經。班固白虎通㈠訓經爲常，是以經爲常道也。章學誠文史通義：「六經初不爲尊稱，義取經綸爲世法耳。」是以六經爲修、齊、治、平之法之書也。

經名之始　古無經之名。孔子設教，但曰詩書禮樂，並未名經。而經名始見於書者，禮記有經解篇；但禮記有出於孔門弟子，未敢徵信。莊子天運篇：「孔子謂老聃曰：丘治詩書禮樂易春秋六經。」又天下篇：「繙十二經以見老子。」荀子勸學：「夫學始於誦經，終於讀禮。」墨子有經上、經下、經說。韓非子有內儲經、外儲經，則知孔子之後，始有經名。清皮錫瑞曰：「經學自孔子刪定六經爲始，孔子以前，不得有經，」則知經名始於孔子之後，弟子各尊其師之言，而著以經名也。所謂六經者，孔子弟子尊崇孔子所刪定之書也。又章學誠云：「因傳而有經之名，猶因子而立父之號。」則經名之成立，又在有傳之後，如春秋有三傳，而春秋爲經，詩有毛亨之故訓，書有孔安國之傳，而各尊爲經。是有傳而必有經，傳不可以獨存，而對於經之稱也。又如「說」、「記」，亦對於經而言，如墨子有經上、下，經說。「說」者，所以釋經，尊其師說爲經也。禮記一書，都爲孔門弟子及其後學者記儀禮之作。朱晦菴謂「儀禮，禮之根本，而禮記乃其枝葉，」故後人以儀禮爲經，禮記爲傳焉。

·国学概要·
龙门联合书局
一九四七年版

六經之由來　章學誠曰：「六藝非孔子之書，乃周官之舊典也。」又曰：「六經皆史也。」皮錫瑞曰：「易自伏羲畫卦，文王重卦，止有畫而無辭，亦如連山、歸藏止爲卜筮之用而已。連山、歸藏不得爲經，則伏羲文王之易，亦不得爲經矣。春秋魯史舊名，止有其事其文，而無其義，亦如晉乘、楚檮杌，止爲記事之書而已。晉乘、楚檮杌，不得爲經，則魯之春秋不得爲經矣。古詩三千篇，刪爲三百；書三千二百四十篇，刪爲百篇，皆經孔子手定而後列於經也。易自孔子作彖辭、象辭、繫辭、序卦、文言，闡發義文之旨，而後易不僅爲占筮之用。春秋自孔子加筆削褒貶，爲後王立法，而後春秋不僅爲記事之書。」是則孔子述而不作，刪定史典以成書，而後人尊之爲經也。

六經又曰六藝　周禮保氏，「養國子以道，乃教六藝。」此爲禮、樂、射、御、書、數之六藝，周代之教科也。史記孔子世家「孔子以詩、書、禮、樂教弟子，蓋三千焉，身通六藝者七十二人。」此爲六經之詩、書、禮、樂，孔子時無經名，故名六藝。而以六藝指六經言者，又見漢劉歆七略中有六藝略，漢書藝文志亦因之。藝者，其學藝也。經者，其書文也。

六經之性質　孔子曰：「六藝於治一也，禮以節人，樂以發和，書以道事，詩以達意，易以道陰陽，春秋以道名分。」禮記經解篇「入其國，其教可知也。其爲人也溫良敦厚，詩教也；疏通知遠，書教也；廣博易良，樂教也；潔淨精微，易教也；恭儉莊敬，禮教也；屬辭比事，春秋教也。」史記有云：「易著天地、陰陽、四時、五行，故長於變；禮記人倫，故長於行；書記先王之事，故長於政；詩記山川、谿谷、禽獸、草木、牝牡、雌雄，故長於風；樂樂所以立，故長於和；春秋辨是非，故長於治人。」由此可知梁啓超謂「古代祇有政教之書，六經而已。」信哉斯言。

經籍有今古文之分　經籍自遭秦火之厄，漢代遂有「今古文」之分。孝惠之世，除挾書之律，孝文始使掌故鼂錯從伏生受尚書。尚書初出於孔壁，伏生口授，而書以當時隸書，是爲「今文」。魯共王欲廣其宮室，壞孔子宅，於壁中得尙書、禮記、論語、孝經諸書，皆蝌蚪文字，是爲「古文。」而「今古文」之區別，不祇於字體之異，卽篇、章、字、句、解說亦殊。漢代「今古文」家各是其是，各非其非，遂有「今古文」之爭。劉歆移讓太常博士書云：「往者綴學之士，不思廢絕之闕，苟因陋就寡，分文析字，煩言碎辭，學者罷老，且不能究其一藝；信口說而背傳記；是末師而非往古。至於國家將有大事，若立「辟雍、」㊁「封禪、」㊂「巡狩」之儀，則幽冥而莫知其原，猶欲保殘守缺，挾恐見破之私意，而無從善服義之公心，或懷妒嫉，不考實情，雷同相從，隨聲是非，抑此三學，以尙書爲不備，左氏爲不傳春秋，豈不哀哉。」

六經皆有「緯書」　「緯書」者，依託經義，而言災異瑞應之說也。漢代學者，以古代有「經，」亦必有「緯，」於是託古作制，造作許多「緯書，」同時更有造「讖。」「讖，」說文；「驗」也，謂記其已驗之事。張衡云：「立言於前，有徵於後，故智者貴焉。」如秦始皇時有「亡秦者胡」之讖。而緯書實爲漢哀平之世，李尋夏賀良之徒所作，如易乾鑿度、詩推度災、禮含文嘉、春秋元命苞等，蓋以之配經也，卽鄭康成㊃亦嘗爲緯書作注。」歷代之經目

六經　詩書易禮樂春秋，漢初以前之稱。

五經　後以樂經亡失，止稱五經。

七經　東漢仍分禮樂爲二，加入論語。而清聖祖御纂七經，又以易書詩春秋三禮爲七經。

九經　唐於五經之外，加入周禮、儀禮及公羊、穀梁二傳，爲九經。宋時進孟子爲經，因以孝經論孟周禮、合五經而稱九經，是九經有二說。

十經　宋書百官志以易書詩三禮、三傳、各爲一經；合論語、孝經爲一經，使國子助教十人分掌，而統稱十經。

十二經　莊子有「孔子繙十二經以說老聃」之說。或謂爲六經、六緯；或謂爲周易上下二經，及孔子所作易

·国学概要·
龙门联合书局
一九四七年版

經之十翼；又有謂指春秋十二公經者，皆無可徵。

十三經　唐文宗開成間，立石「國子學」於九經之外，加入孝經、論語、爾雅，稱十二經，至宋進孟子入經部，十三經之名，於以永垂焉。

茲將後世所稱之十三經注疏列表於左：

周易正義十卷。魏王弼、晉韓康伯注。　唐孔穎達正義。
尚書正義二十卷。　漢孔安國傳。　孔穎達正義。
毛詩正義七十卷。　漢毛亨傳。　鄭玄、孔穎達正義。
周禮注疏四十二卷。　漢鄭玄注。　唐賈公彥疏。
儀禮注疏五十卷。　同上。　同上。
禮記正義六十三卷。　同上。　唐孔穎達正義。
春秋左傳正義六十卷。　晉杜預集解。　唐孔穎達正義。
春秋公羊傳注疏二十八卷。　漢何休解詁。　唐徐彥疏。
春秋穀梁傳注疏二十卷。　晉范澤集解。　唐楊士勛疏。
孝經注疏九卷　唐玄宗注。　宋邢昺疏。
論語注疏二十卷。　魏何晏等集解。　宋邢昺疏。
孟子注疏四十卷。　漢趙歧注。　宋邵武士疏。

爾雅注疏十卷。晉郭璞注。宋邢昺疏。

尊經之原因　章學誠云「六經初不爲尊稱，義取經綸爲世法耳。」自漢武帝「罷黜百家，表章儒術，」又「立五經博士，」而世人知古來政教之源導啓於六經，括囊於經訓，則經之當尊矣。馴至宋代以經義取士，明清制藝以經文命題矣。

註釋：

㈠白虎通　後漢章帝時，博士、議郎、郎官及諸儒生，會白虎觀，講五經同異。班固因作白虎通，以會通經義也。參考附篇第五章第三節。

㈡辟雍　天子之學。禮「天子曰辟雍，諸侯曰泮宮。」

㈢封禪　古代易姓而王致太平，必封泰山，禪梁父，一報天之功，一報地之功。秦漢時甚重此禮，史記有封禪書。

㈣鄭康成　名玄，後漢之經學大師，融合今文古文，號曰「通學派。」見本書兩漢經學。

第二章　羣經要述

第一節　易

易之意義　說文「易，从日，从月，」是陰陽之象也。鄭玄易贊及易論云「易一名而含三義：簡易，一也；變易，二也；不易，三也。」釋云「易者，謂生生之德，有簡易之義；不易者，言天地定位，不可相易；變易者，謂生生之道，變而相續。」又繫辭傳「易之爲道也屢遷，變動不居，周流六虛，上下無常，剛柔相易；不可爲典要，惟變所適」此亦言易道之變易，取義應以斯爲是而其德簡易其位不易耳。

三易　古有三易。周禮「太卜掌三易之法。」三易者，一曰連山，二曰歸藏，三曰周易」鄭康成曰：「夏曰連山，以艮爲首象山之出雲連連不絕也。殷曰歸藏，以坤爲首謂萬物莫不歸藏於地中也。周曰周易，以乾爲首，謂易道周普，無所不備也」又有謂「文王演易尙在殷世，題周所以別殷」是則三易之時代已別。連山、歸藏久已亡佚，惟周易至今完存。

易分上下經　經分上下，或謂文王所定，或謂孔子所定。乾鑿度曰：『孔子曰：陽三陰四，位之正也。』故易卦爲六十四，分爲上下，象陰陽也。乾道純而奇，故上篇三十，所以象陽也。陰道不純而偶，故下篇三十四，所以法陰也。』

易之性質　（甲）哲學——（一）宇宙論——「太極爲宇宙之原，立此以統陰陽。」（二）陰陽論——「一陰一陽之謂道，陰陽不測之謂神。」（三）三才論——「立天之道，曰陰與陽；立地之道，曰柔與剛；立人之道，曰仁與義。」（乙）數論——言陽奇陰偶之數，以成其變化。（丙）倫理學——（一）論男女——「有天地然後有萬物；有萬物然後有男女；有男女然後有夫婦；有夫婦然後有父子；有父子然後有君臣；有君臣然後有上下；有上下，禮義有所措。」（二）仁義——「立人之道曰仁與義。」（三）善惡——「積善之家，必有餘慶；積不善之家，必有餘殃。」

易之內容　（甲）卦——卦之名義，孔穎達云：「卦者，掛也。言懸掛象以示於人」以乾、坤、坎、離、震、巽、艮、兌八卦，象天、地、水、火、雷、風、山、澤之象，已括宇宙間之物象。故「八卦」既成，而萬物之象卽盡在其中。卦爲伏羲所畫。「伏羲氏仰觀象於天，俯觀法於地，觀鳥獸之文，與地之宜，近取諸身，遠取諸物，於是始畫八卦。至於「重卦」（兩卦相重，合成一卦，得不同之卦式六十四，卽六十四卦。）之說，王弼以爲伏羲重卦，鄭玄之徒以爲神農重卦，孫盛以爲夏禹

·国学概要·
龙门联合书局
一九四七年版

重。卦司馬遷以爲文王重卦。而周易近義，則從王弼之說。卦旣重，則每卦有六畫，如䷀，䷁諸卦。在上之三畫謂之外卦；在下之三畫，謂之內卦。故卜筮者，有內象三爻，外象三爻之說。八卦之象如左：

乾爲天☰　坤爲地☷　坎爲水☵　離爲火☲　震爲雷☳　巽爲風☴　艮爲山☶　兌爲澤☱

(乙)爻——爻者，卦之畫也。有陰陽二種。奇者爲陽，如⚊；耦者爲陰，如⚋。重三爻成一卦，故☰爲乾，☷爲坤，陽得兼陰，故其數爲九；陰不得兼陽，故其數僅六；九爲純陽之數，六爲純陰之數也。(丙)辭——六十四卦，各有其象，有象必求通其義，故必繫以辭，乃有卦辭爻辭之分。有謂卦辭、爻辭皆文王所作，史遷謂文王囚而演周易，鄭玄之徒，悉依此說。有謂驗爻辭，多係文王後事，如明夷六五，「箕子之明夷，」升卦六四，「王用享於岐山。」文王係追號，在克殷之後，箕子被囚，在武王觀兵之後，故皆文王以後之事，非文王所能言也。乃據左傳「韓宣子適魯，見易象云：「吾乃知周公之德」」一語，而定卦辭文王作，爻辭周公作，此馬融陸續之說，後人多宗之。卦辭亦曰彖辭，總一卦之義，或定一卦之義如乾之卦辭曰：「乾、元、亨、利、貞。」此言天道至剛至健者，含此四德也。象辭亦曰爻辭。凡卦有上下兩象，而兩象中之六爻，亦各有其象，必繫以辭始明其義。如乾之「初九，潛龍勿用。」

易之十翼　孔子讀易，釋卦辭、爻辭之義，各爲之傳，傳有十，謂之「十翼，」言輔翼經義也。其名(一)彖辭傳上。(二)彖辭傳下。(三)象辭傳上。(四)象辭傳下。(五)繫辭傳上。(六)繫辭傳下。(七)文言傳。(八)說卦傳。(九)序卦傳。(十)雜卦傳。是孔子「十翼，」卽爲易經立傳也。西漢經與傳分，後漢諸儒合經傳爲一，而作註矣。惟「十翼」是否皆孔子所作，已爲後人之疑問。史記本文及漢註，皆不及雜卦，而正義以爲「雜卦者，於序卦之外別言。」康南海謂「史記中序彖繫象說卦、文言，爲劉歆加入，」崔適史記探源從其說，且歷指數失：(一)語無倫次。(二)孔子不應自讀所作。(三)據論衡正說篇稱漢宣時河內女子得逸易一篇。隋經籍志以爲「及秦焚書,周易惟失說卦三篇,後河內女子得之。」是史遷在武帝時所見周易無說卦也。(四)即就康南海所述諸篇尙少雜卦。」有此四證,故近人多疑序卦、說卦、雜卦三篇非孔子所作。

第二節　尙書

尙書之名義　荀子勸學篇云:「書者政事之紀也。」尙與上同,言其爲上古時記載政治之書,故曰尙書。又有謂「上所言而史書之。」蓋「古者左史記言,右史記事,言爲尙書,事爲春秋。」此又一說。然尙書、春秋確爲古史。朱熹云:「春秋編年通紀,以見事之先後;書則每事別記,以具事之首尾。意者當時史官,既以編年紀事;至於事之大者,則又采合而別記之。」故尙書有典謨訓誥誓命諸體。

書之體制　尙書始於堯舜二典。孔子删書,斷自唐虞,或以唐虞以上之紀載,爲不足徵信歟?二典紀一君之事蹟,有類於史記之本紀。大禹謨、臯陶謨、益稷三篇紀君臣之嘉言。夏書以下,禹貢一篇有類於後世史中之地理志。其餘諸篇皆誥誡之文。孔安國括以「六體」:曰典曰謨曰訓曰誥曰誓曰命。而孔穎達則廣爲典謨貢歌誓誥訓命征範十體,未免泥於篇名之異。「左史記言,爲尙書,」故尙書之文,大抵皆誥誡之文,當以「六體」爲宗。茲分釋其義於左:

(一)典　典者,常也。二典紀堯舜之事,可垂爲後代之常型,故名曰典。禹貢專記大禹制九州之土地與貢法,亦一代之典型。

·国学概要·
龙门联合书局
一九四七年版

（二）謨　謨者，謀也。大禹謨、皋陶謨，陳諫帝舜之言，故名曰謨。益稷一篇，亦記禹皋陶之言。洪範一篇爲箕子諫武王之辭，亦謨體也。

（三）訓　訓者，教誨也。伊訓，太甲上、中、下三篇，咸有一德，皆伊尹訓太甲之辭；高宗肜日，爲祖伊訓武丁之辭；旅獒爲召公訓武王之辭；無逸爲周公訓成王之辭；而如五子之歌，爲太康失國後，其弟五人，述大禹之遺訓，以告訓戒者，亦訓體也。

（四）誥　誥者告也。公告於臣民者，如仲虺之誥、湯誥、盤庚上、中、下、大誥、多士、多方、周官、康王之誥。祭告於宗廟者，如金滕、武成。臣告於君者，如西伯戡黎、召誥、洛誥、立政。君戒臣下者，如康誥、酒誥、梓材。同朝相告者，如微子、君奭。

（五）誓　誓爲誓師時告誡將士之辭，如甘誓、胤征、湯誓、泰誓、牧誓、費誓。惟秦誓爲既敗之後，穆公悔過誓告之辭。

（六）命　命者，任使也。如說命三篇、微子之命、蔡仲之命、君陳、君牙、冏命、文侯之命，皆予官爵之命也。畢命爲康王命畢公分別東郊居里之命。呂刑爲穆王命呂侯定刑書之命。又如顧命一篇，爲成王以康王託付羣臣之辭。

尙書有今古文之別　漢志㊀謂「孔子刪書，上斷於堯，下訖於秦，凡百篇，而爲之序，言其作意。秦燔書禁學，濟南伏生獨壁藏之。漢興亡失，求得二十九篇，以教齊魯之間。」孝文帝時，使鼂錯受書於伏生，錯遂以漢隸寫之，是爲「今文尙書」。漢志又謂「古文尙書」者，出孔子壁中。武帝末，魯共王壞孔子宅，欲以廣其宮，而得古文尙書及禮記、論語、孝經凡數十篇，皆古字也。孔安國者，孔子後也，悉得其書，以考二十九篇，得多十六篇，安國獻之。遭巫蠱事，未列於學宮。其原書爲古文，因名古文尙書。安國之古文尙書，未列學宮，其傳不廣，而有僞古文尙書之發見。晉經永嘉之亂，書多亡佚，僅存尚書大傳。梅賾以王肅之僞古文尚書獻，合成五十八篇，（析伏生二十八篇爲三十三篇，與僞古文二十五篇）謂卽孔壁之書，於是「今古文」並行。自唐五經正義用梅本，今之尚書，遂眞僞參半矣。宋吳棫始漸疑古文，朱熹亦疑古今文辭不類。元吳澄諸人，本諸子之說相繼抉摘，其僞益彰。明梅鷟參考諸書，以證古文之僞，然猶多所未融。淸閻百詩惠定宇之徒，復詳證之。治經者益信古文爲僞。惟毛西河作古文尚書寃詞以攻閻，而程綿莊復作寃寃詞以攻毛。終以眞古文無由復見，五經正義一書已相沿已久矣。茲將書序百篇篇目，而有「今文」、「古文」、「僞古文」者分別其部分，列表於左：

書序百篇篇目：

今文　古文　僞古文皆有者，三十一篇

（1）堯典（15）皋陶謨（17）禹貢（18）甘誓（29）湯誓（51）盤庚上（52）盤庚中（53）盤庚下（57）高宗肜日（59）西伯戡黎（60）微子（64）牧誓（66）洪範（70）金縢（71）大誥（75）康誥（76）酒誥（77）梓材（78）召誥（79）洛誥（80）多士（81）無逸（82）君奭（85）多方（87）立政（91）顧命（92）康王之誥（97）費誓（98）呂刑（99）文侯之命（100）秦誓

眞古文　僞古文皆有者四十五篇

三十一篇同上（2）舜典（14）大禹謨（16）益稷（19）五子之歌（20）胤征（32）湯誥（33）咸有一德（35）伊訓（61）泰誓上（62）泰誓中（63）泰誓下（65）武成（68）旅獒（63）革命

眞古文有，僞古文無者十三篇

·国学概要·
龙门联合书局
一九四七年版

(3)汨作(4)九共一(5)九共二(6)九共三(7)九共四(8)九共五(9)九共六(10)九共七(11)九共八(12)九共九(30)典寶(36)肆命(47)原命

眞古文無僞古文有者十三篇

(13)稿飫(21)帝告(22)釐沃(23)湯征(24)汝鳩(25)汝方(26)夏社(27)疑至(28)臣扈(34)明居(37)徂后(41)沃丁(42)咸乂一(43)咸乂二(44)咸乂三(45)咸乂四(46)伊陟(48)中丁(49)河亶甲(50)祖乙(58)高宗之訓(67)分器(69)旅巢命(73)歸禾(74)嘉禾(83)成王政(84)將蒲姑(88)賄息愼之命(89)亳姑

註釋：

㊀漢志　漢書藝文志班固著，又稱班志。

第三節　詩經

詩之意義　虞書云「詩言志，歌永言。」班固釋之云「誦其言謂之詩；詠其聲謂之歌。」詩大序㊀云「詩者，志之所之也。在心爲志，發言爲詩。情動於中而形於言；言之不足，故嗟歎之；嗟歎之不足，故永歌之；永歌之不足，不知手之舞之，足之蹈之也。」是詩原於人之情志也。蓋人之悲歡之情，不可遏止，而自然流露於言辭，是曰「歌」。裝飾以文辭，是爲「詩」。故「詩」必後於「歌」。如堯時有康衢、擊壤諸歌，舜時有卿雲、南風諸歌，夏有諺，商有頌。至周而文學大盛，歌謳可以合樂，於是以詩名。故三百篇中，僅有商頌，餘悉周代之詩也。

詩之由來　詩起原於民歌，禮記云：「天子五年一巡狩，命太師陳詩以觀民風，」班固曰：「古有采詩之官，王者所以觀風俗、知得失、自考正也。」故「夏有遒人，商有太師，歲八月乘輶軒周遊國中，采取歌謠，陳於天子。」是卽詩之國風所由來也。」又朱熹集傳云：「風者，民俗歌謠之辭也。」至於雅頌則亦廟堂之作，而皆無作者姓名，蓋自採集而來者。

孔子刪詩　史遷謂「古詩三千餘篇，孔子去其重，取可施於禮義，刪存三百五篇，以求合韶武雅頌之音。」而統稱三百篇者，舉大數而言。至若孟子云：「王者之迹熄而詩亡，詩亡然後春秋作，」則孔子時采詩之政已廢，心有憂焉，乃刪古詩，以存先王之遺教，此孔子刪詩之主旨也。又如孔子云：「吾自衞反魯，然後樂正，雅頌各得其所。」可知詩未經刪定之前，凌亂無序，而刪除蕪雜，當亦不少。歐陽修所謂「書傳所載逸詩，何可勝數」也。

詩之六義　周禮「太師教六詩，」遂有六義之名。六義者，就詩之類別而言，曰風、曰雅、曰頌；就其體別而言，曰比、曰興、曰賦。茲分述於左：

(一)風　詩序云：「風者風也，上以風化下，下以風刺上。主文而譎諫，言之者無罪，聞之者足以戒，故曰風。至於王道衰，禮義廢，政教失，國異政，家異俗，而「變風」「變雅」作矣。」朱熹云：「風則閭巷風土、男女情思之詞，」皆風之旨也。三百篇中屬於風者，有百六十一篇，而皆由各國采來以貢天子，是曰國風。孔子刪存僅十五國，而無楚風，其未存者諒不鮮也。風有「正」「變」之分，二南（周南、召南。）得男女性情之正，故其言「樂而不淫，哀而不傷，」因之二篇爲正風。自邶而下，其國之治亂不同，人之賢否亦異，其感而發者，有邪、正、是、非之不齊，而先王之風，於以一變，故至幽厲爲變風。

·国学概要·
龙门联合书局
一九四七年版

（二）雅　詩序云：「言天下之事，形四方之風，謂之雅。雅者，正也。言王政之所由興廢也。政有大小，故有小雅焉，有大雅焉。」朱熹云：「雅則燕享、朝會公卿大夫之作。」是則雅為朝聘之歌也。雅有「正」「變」之不同。正雅者，成於周之盛時，天子諸侯朝會燕享之樂歌。變雅作於幽厲之世，為賢人君子憂時之詩，如鹿鳴至菁莪為正小雅，六月至何草不黃為變小雅。文王至卷阿為正大雅，民勞至召旻為變大雅。

（三）頌　詩序云：「頌，盛德之形容，以其成功告於神明者也。」朱熹云：「頌則鬼神、宗廟、祭祀、歌舞之歌」是頌為宗廟祭祀之歌，其義甚美，而無「正」「變」之分。刪存者有周頌、魯頌、商頌之別。商之詩僅見商頌而已。

（四）賦　朱熹云：「賦者，敷陳其事而直言之，如葛覃、卷耳之類是也。

（五）比　朱熹云：「以彼物比此物」如螽斯、綠衣之類是也。

（六）興　朱熹云「先言他物以引起所詠之辭，」如關雎、兔罝之類是也。

詩有「四始」　「四始」各有其說，而始之字義，應指各類之首篇，則史遷云：「關雎之亂，以為風始；鹿鳴為小雅始；文王為大雅始；清廟為頌始。」是為得之。

「詩式」　詩多以四言為一句，亦有三言五言，以至九言者，要以四言為詩式。

詩之評論　禮記經解篇云：「寬柔敦厚，詩教也。」孔子曰：「詩三百，一言以蔽之，曰思無邪。」又曰「誦詩三百，使於四方，不能專對，雖多，亦奚以為。」又曰「詩可以興，可以羣，可以觀，可以怨，邇之事父，遠之事君，多識於鳥獸草木之名。」

註釋：

·国学概要·
龙门联合书局
一九四七年版

㈠詩大序　孔子弟子子夏所序，以別於後人之序，故曰大序。

第四節　三禮

禮之意義　「禮者、理也。其用以治，則與天地俱興。」禮記曰：「夫禮，必本於天，殽於地，列於鬼神，達於喪、祭、射、御、昏、冠、朝、聘，故聖人以禮示之，天下可得而正也。」又曰「先王之立禮也，有本有文。忠信，禮之本也。義理，禮之文也。無本不立，無文不行，則禮非徒尚其文，又必有其本矣。」是可知禮之有體有用矣。其用爲典章儀式之具，動作、威儀之則，所以別尊卑，明貴賤，立身治民也。故孔子曰「不學禮無以立。」

禮之由來　古者社會蒙昧，無所謂禮。洎聖人作，乃緣人情本習俗以定禮文。故虞之時，以天、地、人爲「三禮」；以吉、凶、軍、賓、嘉爲「五禮」。降及殷周，因社會之變遷，而有增減。至周公復加以制定，益臻美備，且以宗伯爲職掌之官。故「周以禮治。」又「周以文勝。」

三禮　三禮者周禮、儀禮、禮記之統稱也。周禮爲周公相成王時，設官分職之典籍。通志藝文略「漢曰周官，江左曰周官禮，唐曰周禮。」漢志則曰周官經。清御纂七經，仍用周官之名。所謂官者，六官之僚屬分掌各職也。漢何休疑周禮作於六國之時。宋儒亦多疑之。惟劉歆鄭玄信爲周公致太平之書。亦有謂爲劉歆僞託者，如方苞周公正義已開其端。儀禮亦相傳爲周公所作，蓋損益前代冠、昏、喪、祭、朝、聘、射、饗之禮，使歸於正，以示天下也。春秋傳云：「先君周公作周禮。」其時周官既不名周禮；則所謂周禮，或即儀禮。而儀禮疏曰「周禮言周不言儀，儀禮言儀不言周，欲見兼有異代之法。」但宋張淳云「漢初未有儀禮之名，疑後漢人見十七篇中有儀有禮，遂合而名之。」此論儀禮之得名，或亦可信。禮記一書，大都爲孔門弟子所作，解說禮儀之精義。原數百篇，漢戴德刪其繁重爲八十五篇，謂之大戴記。其從子聖又刪成四十九篇，謂之小戴記，遂行於世。按「記」對於「經」而言，亦猶「傳」與「注」亦對經而言也。後儒以儀禮爲經，禮記爲傳，如朱熹以禮記爲專解儀禮而作，並舉出儀禮有冠禮，禮記有冠義等爲義疏也。茲略述三禮於左。

（一）周禮　周禮計六篇：一、天官冢宰；二、地官司徒；三、春官宗伯；四、夏官司馬；五、秋官司寇；六、冬官亡。隋唐以至明清之六部，吏、戶、禮、兵、刑、工，其遺制也。後代典章、制度、文物之設施，已大備於周。宋張栻謂爲「是皆周公心思之所經緯，本諸三代而達之者也。」惟冬官一篇，經秦火已亡佚，漢時取考工記以補之。冬官亦掌生養萬民之職，百工之事。

（二）儀禮　儀禮一書，士禮最詳。大夫之禮，僅有祭禮；諸侯之禮，僅有覲禮。故漢初高堂生傳十七篇，名爲「士禮，」爲今文。河間獻王又得「古禮經」五十六篇，爲古文，較今文多三十九篇，已知亡多於存。且古有吉、凶、賓、軍、嘉五禮，今儀禮獨缺軍禮，則前人謂「禮之篇數，決不止十七，」洵知言也。東漢鄭玄合今古文作注，即今所傳之本。（十七篇篇目可查原書）

（三）禮記　禮記爲孔門弟子及其後學者記禮之作。自經漢初，河間獻王所得，又經劉向所校，合得二百十四篇。復經大小戴相繼刪存四十六篇，謂之小戴記。漢末馬融傳小戴之學，又作月令、明堂位、樂記各一篇，合成四十九篇，即今之禮記本也。中多述禮之制度。而言禮之義理者，有禮運、禮器、表記、坊記、學記、樂記諸篇。其第四十一篇之大學、第三十一篇之中庸，程伊川提出以配論語、孟子，稱爲「四子書。」其樂記一篇，係劉向校書得樂記二十三篇，斷

·国学概要·
龙门联合书局
一九四七年版

取十篇合爲一篇，以垂樂經之遺響。而樂記之由來，係漢初河間獻王以樂經已亡，與諸生共采周官及諸子云樂事者而成。班志謂「與制氏不相遠」。（四十九篇篇目可考原書）

第五節　春秋三傳

春秋之名義　杜預春秋左氏傳曰：「春秋者，魯史記之名也。」班固云：「左史記言，右史記事；事爲春秋，言爲尚書。」周禮有史官，掌邦國四方之事，達四方之志。諸侯亦各有史。大事書之於策，小事書之於簡牘。其在楚曰檮杌，在晉曰乘，在魯謂之春秋，其實一也。而春秋之名，史夏商已有之。其取義有四說：「天有四時，春爲陽中，萬物以生；秋爲陰中，萬物以成，故備舉之。」此玉海㈠之說也。「賞以春夏，刑以秋冬。春秋之書，寓褒貶，刑賞在焉，故曰春秋。」此亦通志之說也。「孔子作是書，春獲麟而秋成書，故謂之春秋。」此亦通志㈡之說也。「記事者以事繫日，以日繫月，以月繫時，以時繫年，所以記遠近，別異同也。故史之所記，必表年以首事。年有四時，故錯舉以爲所記之名。」此杜預之說也。總之，春秋爲編年體之魯史，當以杜說爲是。

孔子修春秋　孔子生當周室衰微之世，官失其守，自衞反魯，傷道之不行，遂取魯之舊史，考其眞僞，志其典禮，遵周公之遺制，一一而刊正之，故謂之修。故孟子曰：「王者之迹熄而詩亡；詩亡，然後春秋作。」又曰：「世衰道微，邪說暴行有作，臣弒其君者有之，子弒其父者有之。孔子懼，作春秋。」又曰：「孔子成春秋，而亂臣賊子懼。」其所懼者，筆法之嚴，一字之褒貶，雖游夏之徒，不能讚一辭。所謂「筆伐㈢」「筆削㈣」是也。而其所以褒貶者，（一）爲定名分。孔子所謂「必也正名乎！名不正則言不順，言不順則事不從。」（二）爲明是非。歐陽修謂：「孔子卽其舊史，考諸行事，加以王法，正其是非。」蓋孔子目擊春秋之世，禮樂征伐，自諸侯出，心有憂焉。

春秋之有傳　春秋有三傳，左氏、公羊、穀梁是也。漢志云：「周室既微，載籍殘缺，仲尼以魯周公之後，禮文備物，史官有法，故與左邱明觀其史記，據行事，仍人道，因興以立功，就敗以成罰，假日月以定曆數，藉朝聘以正禮樂。有所褒、諱、貶、損，不可書見，口授弟子，弟子退而異言。邱明恐弟子各安其意，以失其眞，故論本事而作傳，明夫子不以空言說經也。春秋所貶損大人當世君臣，有威權勢力，其事實皆形於傳，是以隱其書而不宣，所以免時難也。及末世口說流行，故有公羊、穀梁、鄒、夾之傳，四家之中，公羊、穀梁立於學官，鄒氏無師，夾氏未有書。」茲分述三傳於左：

(一)左氏傳　或謂左氏爲魯史官，曾親見國史，故考事最爲詳密。論本事而作傳，博綜羣籍，凡檮杌、記年之流，鄭書、晉志之類，莫不畢覩，故爲記載之傳焉。

(二)公羊傳　公羊高作，爲子夏弟子，齊人。公羊之義，首重三科：一曰「張三世」；二曰「存三統」；三曰「異內外」。「張三世」者，春秋分十二世爲三等，有「見三世」，有「聞三世」，有「傳聞五世」。哀定昭三公之事，孔子之所見也。襄成宣文四公之事，孔子之所聞也。僖閔莊桓隱五公之事，孔子之所傳聞也。於所見微其詞，於所聞痛其禍，於所傳聞殺其恩，書法詳略各異。「存三統」者，絀夏存周，以春秋當新王。意謂有繼周而王者，當封殷周爲二王後，以存三王之統。「異內外」者，內其國而外諸夏，內諸夏而外夷狄。書法詳於內而略於外，以見王化自近及遠之誼。

公羊傳漢代列於學官。董仲舒治公羊傳最精。公羊係齊人，故公羊傳爲齊學。

(三)穀梁傳　穀梁赤作。亦子夏弟子，同受春秋所傳相似，宜成一派。漢代亦列於學官。穀梁係魯人，故爲魯學。

三傳之筆法　左爲紀載之傳，以史事爲主。公穀皆爲訓詁之傳，以釋經爲主。朱熹云：「左氏是史學，公穀是經學。史學者記事卻詳，於道理上便差；經學者於義理上有功，然記事多誤。」吳澄云：「載事則左氏詳於公穀；釋經則公穀精於左氏。」胡文定云：「事莫備於左氏，例莫明於公羊，義莫精於穀梁，或失之誣，或失之亂，或失之鑿。」此三說已精詳矣。然左氏傳「或先經以始事，或後經以終義，或依經以辨理，或借經以合異。」莫不旁搜遠紹，廣記而備言之，足令學者原始原終；其枝葉究其所窮也。

三傳傳授之盛衰　三傳學說，以左傳係古文，公穀兩傳係今文，自兩漢以來，各存門戶之見，互相攻擊。惟在兩漢，公羊派盛行，穀梁稍差。三國時尚左氏，如魏王肅有左氏解，蜀李譔有左氏傳，於是公穀之學大衰。

註釋：

㈠玉海　宋王應麟撰，二百卷。所引經、史、子、集、百家傳記，無不賅具，與其他類書體例迥異。

㈡通志　見本書史學

㈢筆伐　孔子修春秋，以素王而筆伐亂臣賊子之罪。

㈣筆削　孔子修春秋，以素王而筆削其爵。

第六節　論語

漢志云：「論語者，孔子應答弟子、時人、及弟子相與言而接聞於夫子之語也。當時弟子各有所記，夫子既卒，門人相與輯而論纂，故謂之論語。」孔子一生之道德學說，盡在是書。凡二十篇（篇名可查原書）在漢初曰魯論，即今所通行之本。尚有齊論、古論兩家。齊論乃齊人所傳，較魯論多問王、知道兩篇。古論出孔子壁中，凡二十一篇，分子

·国学概要·
龙门联合书局
一九四七年版

張爲二篇。或謂三論至漢鄭康成始合爲一，凡二十篇，即今所傳之篇目

第七節　孟子

孟軻字子輿，魯鄒人。史記云：「孟軻受業於子思之門人，道既通，所干者不合，退與萬章之徒，序詩書，述仲尼之意，作孟子七篇。」是孟子爲孟軻之自作。漢志本列入諸子之儒家，宋代始尊爲經，以入四子書。其學說之中心曰道性善；曰貴民權，曰重仁義，輕功利；曰距楊墨，放淫辭。（七篇篇名可考原書）

第八節　大學

大學者，大人之學也。言學之所以成己、成物，而止於至善也。其教則在窮理、正心、修己、治人之道。分爲「三綱」「八目」。三綱者，「明德」、「新民」、「止於至善」。八目者，「格物」、「致知」、「誠意」、「正心」、「修身」、「齊家」、「治國」、「平天下」。經一章，傳十章。經爲孔子之言，而曾子述之。傳則曾子之意而門人記之。故大學曾參作。初附於小戴記第四十二篇，宋程朱始表而出之，以配論語孟子與中庸，謂之四子書。

第九節　中庸

中庸者，「不偏之謂中，不易之謂庸，中者，天下之正道；庸者，天下之定理。」此言大中至正，無過不及之理也。亦孔門傳授之心法。子思恐其久而差也，故筆之於書，以授孟子。全書凡三十三章。第一章子思述所傳之意以立言，首

明道之本原，出於天而不可易，其實體備於己而不可離。次言存養省察之要，終言聖神功化之極。蓋欲學者於此，反求諸己而自得之，以去夫外誘之私，而充其本然之善。其他各章，子思引夫子之言，以終首章之義。故中庸子思作。初附於小戴記中第三十一篇，亦宋程、朱表而出之，以配成「四子書。」

第十節　孝經

史記曰：「孔子以曾參爲能通孝道，故授之業，作孝經。」漢志謂「孝經者，孔子爲曾參陳孝道也。夫孝，天之經，地之義，民之行也。舉大者言，故曰孝經。」朱熹謂爲孔曾問答之言，而曾子門人記之。孝經亦遭秦火，漢時張禹治孝經，爲今文孝經，凡十八篇。又有古文孝經，出自孔壁，凡二十二篇。至劉向將今古文合校，仍爲十八篇，於是非復孔子之舊矣。

第十一節　爾雅

「爾」者，近也，「雅」，正也，爾雅者，爲近而取正之意也。晉郭璞爾雅序曰「夫爾雅者，所以通「訓詁」之指歸，敍詩人之興詠，總絕代之離詞，辨同實而殊號者也。」是爾雅爲訓詁之專書也。唐陸德明經典釋文引張揖稱周公曾作釋詁一篇，釋言以下，或言仲尼所作，或言子夏所益，或言叔孫通所補，或言沛郡梁文所考，迄無定說。大抵此書爲小學家綴緝舊文，遞相增益而成。觀釋地有鶼鶼，釋鳥又有鶼鶼，同文複出，知非纂自一手也明矣。今之「字書」與「訓詁書」實以爾雅爲最古。惟止釋字義，不及字音，與後世「字書」有殊。而陸德明更逐字注音，於是音、義俱

·国学概要·
龙门联合书局
一九四七年版

全。凡研究文字學者，不可不讀。又釋名物有類「辭書」，後世揚雄之方言，劉熙之釋名，張揖之廣雅等，殆導源於是書乎。全書凡十九篇，前三篇會通方言，後十六篇訓詁名物。（篇名可查原書）（參考附篇第五章第一節）

第三章　歷代治經概述

古者學在官守，政教不分，官師合一。迨周室微，禮樂廢，詩書缺，諸子爭鳴，私學日興。各以所學著書立說，要與政治、社會、民生有關。而出其學術之所得，思想之所及，以救時弊焉。延及秦世，縱橫之風未熄，丞相李斯「請史官非秦紀皆燒之，非博士官所職，天下敢有藏詩書百家語者，悉詣守尉雜燒之，有敢偶語詩書者棄市」。於是經籍幾絕矣。漢興，改秦之敗，孝惠始除挾書之律，孝文廣開獻書之路，孝武立「五經博士」，天下之士，咸以經藝爲尚焉。研究經學者，代有其人，說經之書，亦層見疊出。然以所見之不同，派別遂異，爭端亦起，其癥結之所在，則「今文」與「古文」之分。「古文」即「大篆」，亦「籀書」，六經舊本皆爲「古文」。「今文」者，即秦漢時通行之隸書。漢初經師，口授生徒，便誦習，故寫通行之「今文」，初未嘗自號爲「今文家」也。迨西漢之末，劉歆提倡古文之尚書、毛詩、周官、左氏春秋之學，遂與「今文家」分道並馳，各挾一是非之見，而莫衷一是，乃有漢末鄭康成之通學派，今古文並用，出於調和焉。至晉代，又有王（王肅）、鄭（鄭康成）之爭，亦猶理學有朱陸之爭，南北朝時有「南學」「北學」之分。今古文並行，亦今古文相糅雜也。唐代以明經取士，欲統一南北，融匯古今，遂有孔穎達五經正義一書以行世，至今研經者亦宗之。宋人治經，務反古人，而探索新義，純任主觀而武斷事實，此固東漢章句、訓詁之學之反動，亦猶魏晉承東漢之後，惡訓詁支離破碎，而轉向於老莊之玄學也。然宋雖疑古，而有「理學」之興，闡發心性之說，光昌義理之言，亦經學之異采也。元明守宋儒之舊，無所發明。迨至清代，宋學之反動以起，所謂「舍經學而言理學者，則邪說以興。」又所謂「通經必先考文，考文必先知音，」此顧炎武之說。其初期諸儒明「義理」兼重「考據，」所謂漢宋兼采之學。故有清一代之經學，直可謂之「漢學」義取實訓，事取實證，又謂之「樸學。」其後有所謂浙東學派，東吳學派，皖南學派，常州今文學派，其時期有主漢攻宋時期，有漢學確立時期，有漢學分化時期。而其治學，由經而文字，由文字而音韻，而甲骨，且及於史與諸子百家，言旁證博引，考據眞確，不事主觀，專求實事。此非但宋儒所不能，亦漢儒之章句訓詁者所不可企及也。吁！一代之學，恆依其時代、政治環境、與先前之風氣為變遷，且其歷程甲有所窮，勢不得不轉而為乙。如炎漢之經學，不得不轉為趙宋之理學，又趙宋之理學，不得不轉為滿清之漢學。此固物極則反，亦「窮則變，變則通，通則久」之義歟？而亦視後之人能善變與否耳。然而不可不謂導源於炎漢之經學。故經學當始自兩漢，茲以漢代述之於始。

第一節　兩漢三國經學

西漢經師皆崇尚今文，學重師法，專明大義，施諸行事，故有以禹貢治河者，以洪範察變者，以春秋決獄者，以三百篇當諫書者，即「通經致用」之謂也。逮漢末鄭康成出，古今文兼重，號曰「通學派」，學者乃趨重章句、訓詁；甚至說五字之文，多至二三萬言，而經義益支離破碎矣。鄭康成統一今古文，著作總百餘萬言，卓為一代儒宗。然混亂今古，敗壞家法，鄭氏調和今古文之爭，亦蒙其咎矣。三國之時，今文衰而古文盛。至晉極信古文，不好鄭氏，遂起王鄭之爭，而其實二人注經，皆雜糅今古文。

·国学概要·
龙门联合书局
一九四七年版

茲將今古文家及今古文書，列表於左：

易經

- 今文家
  - 田何
    - 孟喜
    - 施讐
    - 梁邱賀
  - 焦延壽—京房氏
- 古文家
  - 費直（亡章句，未立學宮。）
  - 高相（亡章句未立學宮。）

三國時則只崇尚鄭康成與王弼之說。

書經

- 今文家—伏勝
  - 歐陽生—倪寬—歐陽生之子—傳至曾孫高
  - 張生—夏侯都尉—夏侯始昌—夏侯勝（大夏侯）—夏侯建。（小夏侯）

古文書經，出自孔子壁中。武帝末，孔安國得之，較伏生所傳今文二十九篇多出十六篇。安國獻之，遭「巫蠱」事起，未立於學宮。東漢雖盛行歐陽氏之學，而其末季說書者，咸宗鄭康成注。孔安國古文本已失，王肅皇甫謐乃僞造古文尚書二十五篇，後又僞作孔安國書傳，然非當時所崇尚。

·国学概要·
龙门联合书局
一九四七年版

詩經

今文家
- 魯詩—魯申培公。
- 齊詩—齊轅固生。
- 韓詩—燕韓嬰

古文家—毛詩—魯毛亨（大毛）—趙毛萇（小毛）

自東漢鄭康成作毛詩箋，今文三家詩遂廢，毛詩自是獨行於世。

春秋三傳

今文家
- 公羊傳—齊公羊高—漢董仲舒、胡毋生。
- 穀梁傳—魯穀梁赤—漢瑕丘江公。

古文家—左氏傳—魯左丘明—漢劉歆。

三國時重左氏。

三禮

古文—周禮—漢武帝時，河間獻王得之於山崖屋壁，劉歆上於王莽，遂傳於世。但漢何休疑作於六國時，宋儒亦疑之，亦有謂劉歆偽撰者。

今文、古文——儀禮——今文：漢高堂生傳十七篇，名曰士禮
——古文：漢河間獻王得「禮古經」於魯淹中五十六篇，爲古文，較今文多三十九篇。

今文——禮記——漢——戴德（大戴）、戴勝（小戴）、慶普——皆傳高堂生之學，三家立於學宮。

論語

今文——魯論語——魯人所傳，凡二十篇
——齊論語——齊人所傳，凡二十二篇，比魯論多問王、知道兩篇，其他篇中章句亦多。

古文——古論語——出孔壁中，凡二十一篇，無問王、知道，分堯曰下章「子張問」以爲一篇，另有子張篇，篇次與魯論、齊論不同，文亦有異。

西漢末張禹合定齊論、魯論爲二十篇，名曰張侯論，行於世。鄭康成又就魯論篇章，考之齊論、古論，並爲註，於是三論始合爲一。東漢崇之。

孝經

今文——孝經——漢張禹傳之，凡十八篇。

古文——孝經——出孔壁，分庶人章爲二，曾子敢問章爲三，多閨門一篇，凡二十二篇。至劉向合校今古文，仍爲十八篇。東漢之後，崇鄭注古文孝經

·国学概要·
龙门联合书局
一九四七年版

第二節 晉代經學

晉代治經者多，以王肅最著。王欲於鄭玄（康成）外，別樹一幟，乃僞造孔安國尚書傳，論語，孝經注，其學亦大行。東晉亦曾置博士，然以淸談之故，遠不及漢魏。

易——董景道治京房易。王弼之易亦爲時所重。永嘉亂後，施孟梁丘之易皆亡。

書——梅賾僞古文尚書，立於學宮。當時治尚書者以僞孔傳爲主。永嘉之亂，歐陽、大小夏侯之書亡，孔氏古文，久已失傳。

詩——董景道治魯詩。毛詩亦盛。永嘉亂後，齊魯淪亡。韓魯之學，無人研究。

禮——崇尚王肅鄭玄三禮注，偏於河北一帶。

春秋——杜預作左傳注及春秋釋例，與漢人立說不同。

論語——治論語者凡十三家，大旨與何晏同。

孝經——鄭氏孝經注盛行於河北

爾雅——郭璞作爾雅注，乃集衆家之大成。

第三節 南北朝經學

是時治經之特優者，爲「義疏」之學。上足以繩漢儒大義之餘，下足以開唐人「注疏」之路。如梁皇侃之論語義疏至今猶足珍焉。北朝經學最盛，鄭玄及其他學者多北人，故與有力焉。

易——北盛行鄭易惟青徐之間則有崇尚王弼者。南則鄭王並重

毛詩——南北並重鄭注

尚書——北遵鄭氏書注南用僞古文

禮——同遵鄭玄三禮注

春秋——北遵服虔左氏注南遵杜注

論語——北盛行鄭注南用何晏集注與北方墨守劉注者不同。

孝經——鄭氏孝經注盛行於江左

爾雅——江左盛行。

第四節　唐代經學

唐代重科舉，取士用「明經」「進士」二科。「明經」科即討論經典也。自太宗命孔穎達，顏師古，及賈公彥等撰五經正義，雖諸學說得以折衷，然思想因之束縛，不能越正義之範圍，而經學之進步極少。援諸正義之作，泯南北學派之爭，使學者咸宗一義，而當時取士實用九經，以禮記左傳爲「大經」，毛詩周禮公羊爲「中經」，周易，尚書儀禮穀梁爲「小經」，蓋就今文多少言之也。

易——孔穎達黜鄭崇王，著有易經義疏，而漢學亡。惟李鼎祚崇鄭黜王，采漢儒注易之說，作周易集解，凡三十

·国学概要·
龙门联合书局
一九四七年版

五家，而漢學復見於世。

書——孔穎達治尚書本崇鄭義，及為尚書作「義疏，」又以孔傳為宗，而鄭義亡。

詩——孔穎達作詩經義疏，兼崇毛鄭，不加己意，由是毛詩古義得存。

春秋——孔穎達撰五經正義，左傳取杜預注，而漢學亡。惟趙匡啖助陸淳之春秋集傳纂例春秋微旨，固卓然自立。

禮——孔穎達作禮記正義，賈公彥作周禮儀禮義疏，皆崇鄭注。

論語——是時論語之學頗式微，韓愈及李翺作論語筆解，語多附會穿鑿，遂開北宋說經之風。

孟子——韓愈諸人，咸尊孟子，遂開宋儒尊孟之風。

孝經——劉子玄治孝經，排斥鄭注之非。玄宗之御注孝經注，仍以十八章為定本。

爾雅——陸德明之經典釋文有益於聲音訓詁之學。

第五節　宋代經學

宋代治經者，求其大義而歸宿於純理；非同漢之治經者忽其微言大義也。然漢學精研考證、訓詁，深習制度、名物，宋儒又失之。而極其弊，訓詁之弊，在支離破碎；義理之弊，在空疏簡慢。按宋代典章制度，多仍唐制。其治經也，拘於孔穎達、賈公彥注疏，愈加縛束。於是孫復、歐陽修等，相繼反對。然孫之立說，亦不過推述趙匡啖助等之論而成。且其治春秋，專論書法，慘鷙刻深，落于穿鑿。其他如歐陽修之詩本義與毛鄭不同；蘇軾之詩集傳，删節小序；鄭樵之詩傳辨妄，尤詆小序；王安石尊周禮而詆春秋爲「斷爛朝報，」著三經新義，當時以爲狂妄，傳至呂惠卿，尤多荒謬之處。後有黄氏緗素記，甚至以詩經爲男女之辭，則未免荒誕。故宋學者，漢學之反動也。然南北宋諸人著作，多有爲後世所重者，如胡安國之春秋傳，程頤之易傳，朱熹之四書集注，儀禮經傳集解是也。

第六節 元明經學

元代享祚日淺，雖前有姚樞許衡，後有劉因吳澄等，後先輝映。然自宋以後，朱子學說大行，拘束已深，當時學者，且有程朱派，程朱調和派，陸學派之分，門戶用氣矣。迄乎明代，亦復崇奉程朱之說，胡廣之五經大全亦不出宋元儒之窠臼，應試之文，遂不得逾越其旨矣。後有姚江河東二派，皆高談性理，不爲漢唐註疏所束約，而研究註疏者，別爲一種考據學，顧炎武其宗師也。

第七節 清代漢學

明之季世，王陽明之學極盛，然其末流，極爲世人所病，一時學者，思有以正之，乃有反對王學者，是派最著之人爲王夫之，嘗以爲王學竄入禪宗，陸隴其斥之尤力，至謂其爲亂明之源，而其實王與陸皆崇宋者也。又有反對空談理學者，是派爲顧炎武與黄宗羲，顧氏病理學之空談，欲易之以「通經致用，」其說以爲「舍經學而言理學，則邪說以起。」其治學方法重自得，博考證，求實用。又以「通經必先考文，考文必先知音，」故頗致力於聲音、訓詁之學。黄宗羲本講王學，中年後趨向一變，以爲明人講學，不事六經，束書游談，更滋流弊，主持治經史以致用，尤以史學爲

·国学概要·
龙门联合书局
一九四七年版

根柢。總之，顧黃二大師之博求致用，實爲明末講學之反響也。有根本反對以讀書說理爲學者，是派則顏元之所倡也。元以爲「以讀書爲學固非孔子之學，以讀書之學解書，並非孔子之書。」故教人必習六藝，而躬行實踐之。且其所實踐者，亦不拘於舊說之六藝，而爲躬耕、習藝、技擊、兵法、禮、樂，蓋絕對實用主義者。其弟子有李塨。自顧黃提倡經學，開考證之風，於是清代特盛之漢學以成立。漢學又曰「樸學」，義取實訓，不尙華辭，事取實證，不容空談。茲以有清一代漢學分三時期述之於左：

(一)主漢攻宋時期——是期以毛奇齡爲先鋒，其攻擊太極圖、(一)四書朱熹注，頗足使宋儒學說動搖。繼之而興者，有胡渭之易圖明辨，陳啓源之毛詩稽古編等。向以宋儒經說爲宗之四書大全、五經大全，亦失其權威。

(二)「漢學」確定時期——第一期諸儒只以考證之學指斥宋儒之立說，尙不免有逞空談者。自惠棟、戴震出，一宗顧氏博證之法，嚴守漢人注書之條例，博引羣書以說經，而「漢學」以確立。戴震精核尤過棟，以其一空依傍也。傳其學者以段玉裁、王念孫爲最著。清末有俞樾、孫詒讓，而以章炳麟尤嚴守其法以治羣書。

(三)「漢學」分蛻時期——漢學易涉於破碎，矯之者有今文家之漢學。首張其軍者，爲莊存與，其發揚光大之者，爲劉逢祿、龔自珍。今文家之漢學，不斤斤於訓詁名物，而專求其微言大義。清季傳其學者，有王闓運、康有爲。

清代漢學之派別——反程朱之學之首出者，厥爲毛奇齡，繼起者有胡渭。至惠棟出，力攻古書，揚漢學旗幟，漢學乃張。及後戴震出，發明「以聲音合文字，以文字考訓詁」之法，較惠爲優。但不過形似漢學，實則仍含朱子意味。惟其弟子任大椿、段玉裁、王念孫等，實大放異彩。而王才高學精，用漢學以救正漢學，尤爲特獨之學。其父子所著經傳釋辭、經義述聞，有莫大之供獻。此戴惠兩派，清代收爲漢學也。其後莊存與創常州學派，則今文家是也。但其弟子龔自珍魏源孫星衍等，則又轉入古文家矣。茲將清代漢學家之派別，列表於左：

- 北派
  - 博野—顏元—李塨—程廷祚
  - 曲阜—孔廣森—孔廣林—馬國翰（孔廣森曾受業於戴震，本應列入婺源派，因北方祇孔氏，故特列。）
- 南派
  - 崐山—顧炎武—徐乾學—潘耒
  - 元和—惠周惕—惠士奇—惠棟
    - 余蕭客
    - 江藩
  - 婺源—江永—戴震
    - 孔廣森
    - 段玉裁
      - 龔自珍—龔橙
      - 陳奐
    - 任大椿
    - 王念孫—王引之
  - 常州
    - 莊存與—莊述祖—劉逢祿
      - 龔自珍
      - 魏源
    - 張惠言—張成孫
    - 孫星衍
  - 儀徵—阮元—吳榮光—陳澧
  - 高郵—王念孫—王引之（王念孫乃戴震弟子，本應列入婺源派，因其專以形聲、訓詁、校刊古書，故特列一派。）
  - 南雷
    - 黃宗羲
    - 萬斯大
  - 四明
    - 萬斯大
    - 萬斯同（斯大之弟，著有石經考）
  - 桐城—方苞—劉大櫆—姚鼐
  - 東塾—陳澧

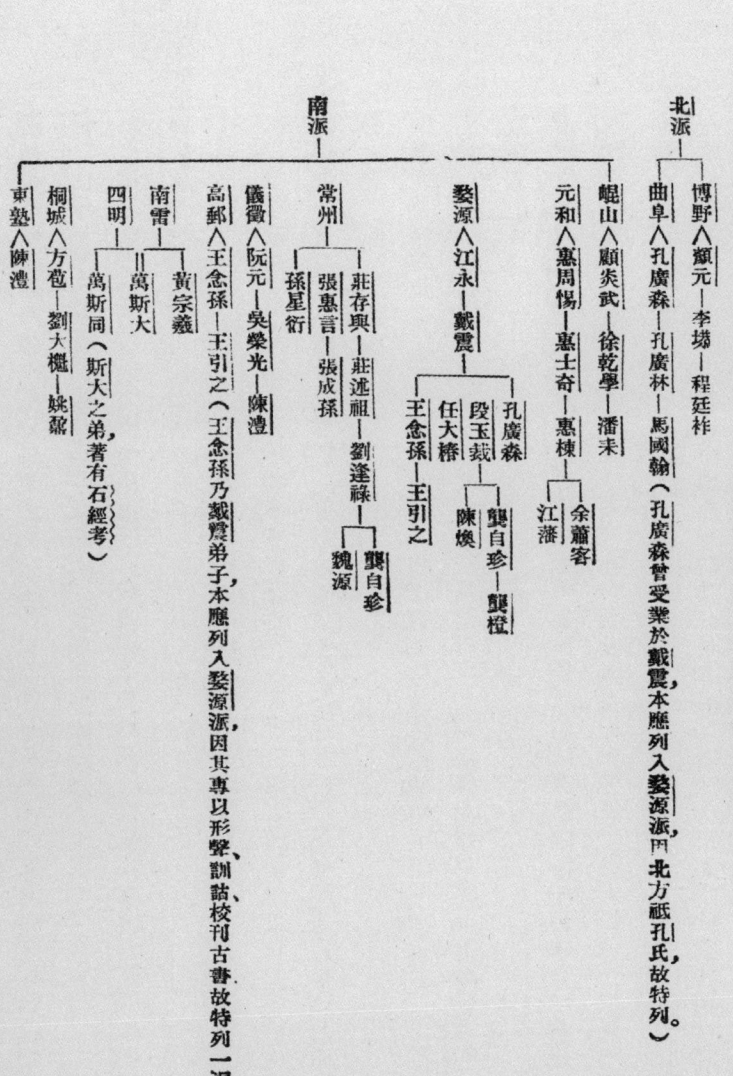

按顏元之學，一傳而爲李塨，塨受業於毛奇齡，此爲南學合北學之始。再傳而爲程廷祚，則又以南人而爲北學。

博野之學，初不行於南方，後二百年江南戴望著顏氏學說，遂轉入南學「今文家」。

顧炎武之學出於朱子，而實事求是，遂開東南漢學之先，有清一代儒宗，當以炎武及元和惠周惕爲不祧之祖。

惠周惕三世治經，至棟而益盛，吳中漢學實惠氏一家開之。

江永之學出於朱子，戴震乃入室者也。再傳而爲段玉裁，猶爲古文派，三傳至龔自珍，則又轉入今文派。

常州即陽湖派，其學分爲二派：一爲今文派，莊存與一家開之。傳至龔魏，橫流極矣。然莊氏學通天人，可接西京之傳，蓋得董賈之精微，非如龔魏之狂易也。一爲古文派，孫星衍卓爲名師，爲古學之勁旅，若張惠言則惠氏之旁支也。

儀徵主持漢學，全在阮元之皇清經解一書，後有王先謙續編經解。

高郵自創一派，專以形聲訓詁校勘古書，於是沈晦之文詞，渙然水釋。俞樾踵其後，爲羣經平義、諸子平議、古書疑義舉例。

南雷之學爲陽湖一派。然爲全祖望所私淑，可爲萬氏兄弟受業之師。浙中經學之風，當以南雷爲祖。

四明之學爲浙中漢學之先聲，其平日持論以爲非通諸經，不能通一經，非悟傳注之失，不能通經，非以經釋經亦無由悟傳注之失。

桐城方氏說經諸書，源出北宋，再傳而爲姚鼐，以參合義理、考據、詞章爲宗。曾國藩則又師之。

東塾爲儀徵再傳弟子。然清代所謂漢宋兼采一派，至東塾而成。

·国学概要·
龙门联合书局
一九四七年版

漢學之貢獻——漢學之唯一在求眞，其求眞之方法，則在博證，於是校勘書籍之風尙矣。康熙時所纂類書如圖書集成之宏鉅，猶不足厭學者之心，必進而求讀原書。至乾隆時遂有四庫全書之蒐集，此固以應漢學之需要，而非漢學發達不能有此偉業也。抑校刻成書之不足，更進而蒐輯佚書，如馬國翰之玉函山房輯佚書，黃奭之漢學叢書，向湮沒於世之古籍，逐漸見於世，此漢學之貢獻一也。旣欲廣徵博證，則書籍外之遺文，如鐘鼎，如刻石，亦無不可爲徵實之資料，而金石之學以盛。羅振玉、王國維因發明甲骨文，又爲文字學絕大之貢獻二也。夫佚書、金石之是求，則唐以來所不視爲正統諸子學，尤爲徵證之資料，坐是而諸子之學說，又引起學者研究之興趣，此漢學之貢獻三也。同時並盛之史學，亦得以校勘之法施之，而大收爬羅梳剔之功，此漢學之貢獻四也。又因顧氏「讀經必先考文，考文必先知音」之言，而音韻因以特盛，遂爲國語之濫觴，此漢學之貢獻五也。

漢學之反動　漢學旣盛極一時，則有起而反對之者，首爲章學誠與方東樹。章於當時漢學，時有詬病，著文史通義一說。彼謂「六經皆史，古人未嘗離事而言理，舍天下事物、人倫日用，而守六籍，不足與言道；搜羅遺逸，襞績補苴，不足與言學。故學務當今而貴實用。」此殆有王陽明之遺教歟？方有漢學商兌一書，中論訓詁之不得眞，古制之不足慕，義理之不必存乎典章制度，皆足以鍼砭墨守漢學之病。章、方二人旣攻擊於先，又時値道、咸之時，海禁大開，西學東漸，於是革故之思想，與時而演進。繼二人而起者，有武進莊存與，首倡公羊之學，著春秋正辭，刊落訓詁名物之末，專求其所謂微言大義，以自異於戴、段之徒。踵其後者，有劉逢祿，著春秋公羊經傳何氏釋例，凡何休所謂「張三世」「通三統」「絀周王魯」「受命改制」，皆信服之。而不知何氏諸說，孔穎達已先辯之，公羊家舍名物訓詁，而求微言大義，豈能利時用乎？此不知漢學存古制之精神所在也。因信公羊而信今文，又因信今文而疑古文，於是魏源著詩古微，邵懿辰著禮經通論，劉逢祿著左氏春秋考證，皆攻擊古文，謂爲劉歆僞造。末有康有爲者，著新學僞經考。所謂新學者，新莽之學，僞經者，周禮、逸禮、左傳、毛傳，皆劉歆僞作，故皆爲新代之學，非漢學也。由是而世人疑古之思，古文諸經傳，有破產之虞。然康有爲之言，多無確證，如謂「秦焚書未及六經，漢代無今古文之目。」斯已詑矣。

註釋：

㈠太極圖　天地未分曰太極。易云『易有太極，是生「兩儀」（天地）「兩儀」生「四象」（四方）「四象」生「八卦」。』周敦頤撰其圖，又爲說一篇。且推道德之本原曰「無極」而「太極」，如吾心寂然無思，萬善未發，是無極也。然此心未發，自有昭然不昧之本體，是太極也。後人疑是圖係周氏僞造。

第八節　歷代治經之異徵

西漢侈言災異，說經者亦著災異之言，如董仲舒著春秋繁露。

東漢崇「讖緯」，說經者亦雜「緯書」之說，如何休以「西狩獲麟㈠」爲漢室受命之符。

魏晉崇尙淸談，注經者雜引玄言，如王弼、韓康伯註周易。

宋明尙理學，注經者空言義理，如朱子注四子書。

滿淸之世，崇尙漢學者日多。惟取士仍以宋儒之說爲主，於是有漢宋門戶之分。

·国学概要·
龙门联合书局
一九四七年版

註釋：

㈠西狩獲麟　春秋魯哀公十四年春，西狩獲麟，孔子修春秋，至此而止。蓋孔子未生，其母禱於尼山，見一麟於郊，奇之，以紅帛繫其角。及獲麟，其帛猶在，孔子自知將卒矣。

·国学概要·
龙门联合书局
一九四七年版

附編 小學

第一章 概述

顧炎武：「通經必先考文，考文必先知音，」是治經學者宜考證文字學也。班志六藝略殿以「小學，」援是故以「小學」爲附篇。

「小學」之命名及沿革 「小學者，」「六書」之文也。周禮「八歲入小學，保氏教國子，先以「六書：」一曰「指事，」二曰「象形，」三曰「形聲，」四曰「會意，」五曰「轉注，」六曰「假借。」至漢代始以文字爲「小學，」如班志列「小學十家。」所收之書皆爲字書，訓詁之屬，而附於六藝略。漢晉以後，凡「說文」「音韻」等書，皆謂之「小學。」而「小學」專家，有專究字書者，有專究訓詁者，有專究音韻者。迨乎淸代，修四庫全書，以「小學類」分訓詁、字書、音韻三種。茲以文字、訓詁、音韻，分章述之。

第二章 文字學

中國文字，包括形、音、義三者而言，如人之精、氣、神，缺一不可。從字之構造上說，必先有義而後有音，有音而後有形；就字之旣成上說，則音寓於形，義寓於音，三者相關，非常密切。凡研究此三者相關之學術，是謂之「文字學。」六書之名，雖各不相混，而可以形、聲、義三者統之。「象形，」形也。「指事，」「會意，」義也。「形聲，」「轉注，」「假借，」聲也，而文者單體，字者合體。「象形，」「指事，」單體之文也「形聲，」「會意，」合體之字也。「轉注，」「假借，」則踵起之字，爲用字之法也。

第一節　「六書」之名稱與次第

「六書」之名稱與次第自漢以來，說各不一。(一)「象形，」(二)「會意，」(三)「轉注，」(四)「處事，」(五)「假借，」(六)「諧聲，」此鄭康成之說。(一)「象形，」(二)「象事，」(三)「象聲，」(四)「象意，」(五)「轉注，」(六)「假借，」此班固之說。許愼說文則列(一)「指事，」(二)「象形，」(三)「形聲，」(四)「會意，」(五)「轉注，」(六)「假借。」綜此三說，要以班氏爲是，而許氏以「指事」先於「象形」殊不知物先事後，故不如班氏之當。近人多從班氏之說，而於名稱則從許氏。

第二節　象形

凡字如物象者，皆謂「象形。」如日字作⊙，月字作☽，鳥字作鳥，魚字作魚，草字作屮，木字作朩。故許氏曰「象形者，畫成其物，隨體屈曲，「日」「月」是也」

第三節　指事

凡無形可象之字，皆謂「指事。」上字作丄，下字作丅，立字作𡗓，此以一畫假爲地面記號，上面寫亣字，亣是古文大字，本義爲人彷彿人立於地上。故許氏曰：「指事」者，視而可識，察而見意，「上」「下」是也

第四節 會意

「會意」之字，係將單體之文，併成合體之字，如天字從一，从大，其意謂天爲第一種廣大之物。初字，从刀从衣，其意謂取刀裁衣，人類於以初始矣。休字，从人从木，其意謂人坐於木下而休息。故許氏曰：「會意者，比類合義，以見指撝，「武」「信」是也。以上三種字，大都由形義造出。

第五節 形聲

形聲之字，亦係合體。一面从形，一面从聲，合成一字。如蘇字本爲紫蘇之蘇，艸類也。所以从艸，是爲形，其音同穌字，所以从穌，是爲聲。餘如「喉」字「響」字「餌」字皆如是。故許氏曰：「形聲者，以事爲名，取譬相成，「江」「河」是也。」

第六節 轉注

轉注之義，章太炎謂「如此一瓶水，展轉注向彼一瓶去，水是一樣，而瓶則兩只，由此義以喻轉注，話是一樣，聲音則兩種，」例如老字，移一地方，其音不同，又造爲考字。考字之丂，係由老字之匕轉而下注也。故許氏曰：「轉注者，

·国学概要·
龙门联合书局
一九四七年版

建類一首，同意相授，「考」「老」是也。」

第七節　假借

假借之義，章太炎謂：「人之思想，萬變不窮，言語亦萬變不窮，故往往從此義而移作他義，於是一個字往往包容三四個意思，乃有假借。」例如「令」字原是號令，後來發令之人亦謂之「令」。「長」字本爲長短之長，後以成年之人較兒童爲長亦謂之「長」；年老者亦謂之「長」，官吏居於平民之上者亦謂之「長」。故許氏曰：「假借者，本無其字，依聲託事，「令」「長」是也。」

假借者，分一字爲數義，由此義而引伸作彼義也。後又有「通借」之字，如說文「卥」字，本爲棲字，是鳥歸巢之義；但因日落西方，鳥亦就巢，遂引作西方之西。故本有此字，而用與此字聲音相近之彼字以代之，謂之「通借。」又如前後之前，本是剪刀之翦字，篆書作𠝣，从刀从歬聲，並沒有前後之意義。前後之前，應作歬，說文「歬，不行而進也。」意爲脚在船上，任其自進，本爲前進之義，現用前字以代歬字之義，亦謂「通借。」六書中只有假借而無通借。

第八節　字音

字音之起源　欲考文字之起源，必先知字音之起源；而欲考字音之起源，必先知語言之起源。上古未有文字，先有語言，而語言又極簡單，及後聲音複雜，始成言語。文字的書全由語言而定，況在空間時間，音韻變遷，最爲繁複，故欲考文字之正音，不可不明古音，而欲考究古音，尤非先明今音不可。既知今古音，然後研究形義；然後「諧聲」

「轉注，」「假借，」皆可循音韻之條例而推出之。而音之起源，約有四端：

（一）自然之音　口舌相調發出自然之音，循乎天籟，非地與時所能限也。如呼父曰爸爸，呼母曰媽媽，蓋小兒初學語口中時發此音，遂以此稱父母。

（二）摹倣之音　象物形而定字音，如日訓爲實。日，實古音相同，蓋日形圓而實，故名日曰實。後因實音轉爲日音，乃應用象形之原則也。月訓爲缺，後因缺音轉爲月音，亦猶日字也。此其一。有因字音而象物音。如羊字音近於羊鳴，蛙字音近於蛙鳴。水聲澌其音近水。（南人讀水若矢。）故水字音卽象水之流聲。風火相盪，音近於火，故火字音卽象火熾之聲。此其二。

（三）表德之音　章大炎國故論衡之語言緣起舉例曰：「何以言馬？馬者，武也。何以言牛？牛者，事也。何以言羊？羊者，祥也。何以言人？人者仁也。何以言鬼？鬼者歸也。乃至於天之言巔，地之言底，山之言宣，火之言毀，土之言吐，有形者大都皆爾。」

第九節　字形

字形爲字之軀殼，有字音卽有字形。字形雖起於庖羲畫卦，而至神農時代，始有模型。說文謂「神農氏『結繩』爲治，而統其事，」卽用「結繩」以代文字。「結繩」字已不可考，但看「一」「二」「三」諸字古文作「弌」「弍」「弎」，尚可證明是田獵時代之「結繩」字。或謂「結繩」字不外方圓平直，由簡單的一字，縱橫轉折，衍爲若干形。不但「象形」爲文字之祖，卽「指事」文字亦是文字之祖。後來兩體相合，方成字形。如

·国学概要·
龙门联合书局
一九四七年版

一加一爲二——上字，古文。

一加二爲三——三字，古文爲川。

川加一爲Ⅲ——示字古文。

一加丨爲丅；再加一爲工。　此亦字形成立之起源，爲結繩時代之合體字。

第十節　字義

古代造字，但舉右旁之聲，不必舉左旁之形。王子韶創作古文以爲字從某聲，便得其義。如句部有鉤、笱；臤部有緊、堅，丩部有糾、莾；瓜部有瓠、瓞，皆以右旁之聲爲綱，以左旁之形爲目。換言之，造字之初，先有右旁之聲，後有左旁之形。右旁之聲既同，則義象亦同。古人分析字類，悉憑義、象之同異而區分，未嘗區一物爲一字。可見上古字無偏旁，皆爲單體之文。其故，則以古代造字，音起於義。古人區物，就義、象區分，不以質體區分也。如論、倫、淪、綸爲形聲之同一得聲者，其聲爲侖，其義爲條理成文也。及後事物浩繁，乃增左旁之形，而後人區物，遂由質體區別之，故許氏以左旁立部首也。

第三章　文字之變遷

原夫文字之功用，描摹事物之形狀，代表人類之言語，與生民俱生者也。但先民思想單純，其始也「結繩」爲識，爲彼此互通意思之方法。而此類單純方法，異時異地，自難適用。且同時社會組織漸趨繁複，更足以促進文化之進化，如伏羲畫卦，爲草昧時代創作文字之原始。故畫卦爲六書象形文字之始，結繩爲六書指事文字之始。其後蒼頡乃據之以造「書契」此乃時代進步自然之趨勢也。夫人類思想，既日益繁複記錄亦因之日多。欲作此繁複之記錄，非數千萬語言，不克有濟。若仍用繪畫或符號爲之，勢有不能；且記憶尤爲困難，應用亦感不便。於是記錄取其多，繪畫取其便，則不得不由繁而簡，由宂而整矣。如古書謂「少昊氏時始有文字，」又有謂『篆乃黃帝變「古文」而爲之者，』又有謂『頡蒼變「古文」依鳥跡作「鳥篆」，』雖無確實之證，但日趨簡易，勢有必至，理有固然，亦可探得吾國文字之源流矣。且一書體之創作，須經許多時期，歷幾多推移，始得完成，決非一時代一個人新創一種書體，遂能遽使天下文化發生變遷者也。故由畫卦、結繩而古文，由古文而大篆，由大篆而小篆，由小篆變而爲古隸，古隸變而成八分，已歷千數百年矣。古隸、八分盛於兩漢，其眞傳多在碑碣。兩漢之金石，雖不能比於殷周；然在魏晉、六朝之先，尚有高古樸雅之趣。八分再變而章草出，其後製作日多，有楷書，有行書，有草書，金石碑板皆傳之。故欲知文字之源流者，不可不由此上溯秦漢，更及殷周金石之精英，而得其變遷者焉。

第一節　畫卦與結繩

許愼說文敍曰：「古者庖羲氏之王天下也，仰則觀象於天，俯則觀法於地，視鳥獸之文，與地之宜，近取諸身，遠取諸物，於是始作易八卦，以垂憲象。」所謂憲象者，乃有文字之作用。所謂近取諸身，遠取諸物者，乃作文字之範本。所謂卦者，掛也。「掛萬物於其上」也。譬如☰表示乾，其畫法以一爲單位，表示廣大之天，其上有物焉。但其數不可得而窮，則於一單位之上再加一一，取三數成衆之意，則成☰卦。再如☷表示坤，其畫法以 -- 爲單位，表示廣大之地，

·国学概要·
龙门联合书局
一九四七年版

而其下有物焉，物之數不可得而窮，則於單位⚋之下，再加⚋⚋，亦取三，則成☷卦。但天不可裂，故「乾三連」地可破，故「坤六斷。」然則卦乃象形文字之祖矣。其他如☳、☴、☵、☲、☶、☱，象雷、風、水、火、山、澤，無不以⚋之奇偶相成，其名爲震巽坎離艮兌，此乃古代象物之思想之符號，即文字之祖也。至結繩之制，已如前章第九節所述。

第二節 古文

許慎說文敍「周太史籀著大篆十五篇，與古文或異。」是則古文乃大篆以前之通稱。」又曰：「孔子書六經，左邱明述春秋傳，皆以古文，厥意可得而說。」是則前古之書體，與後代孔壁所出之古文書無怪人以爲駭異，不能辨識，僅取形似，故謂之「蝌蚪文。」古文原字，混入史籀之大篆，尚通行於周末，散見於說文或鐘鼎彝器，以及現代發現各種古代文字，不難推想古文之形似。據阮元之鐘鼎彝器款識，及其他金石書所載之古文，多屬商周之物，與大篆亦略相似，互相參考，亦知史籀以前所用者，可見原形文字之一班。

第三節 大篆

大篆又有籀文、籀篆、籀書、史書諸名。周宣王太史籀作大篆十五篇。其字體係據古文而作，與古文或同或異。散見於說文及後人所蒐集之各種鐘鼎彝器文字中。周宣王時所作石鼓文，尤其最著者也。及秦，大篆尚通行，說文序云：「秦書有八體：㈠一曰大篆，二曰小篆。」又可知大篆別於小篆而言。夫所謂「篆者，傳也。傳其物理，施於無窮之意也。

註釋：

㊀八體 (一)大篆 (二)小篆 (三)刻符(作雲頭鳥足形，用於符節者) (四)虫書 (五)摹印(字形屈曲，用於鈐印者) (六)署書(用題宮闕者) (七)殳書(武器上刻文) (八)隸書

第四節 小篆

春秋戰國之時，諸侯各自爲政，言語異聲，文字異形。及秦統一，其時天下多事，文書日緊。李斯乃奏罷不與秦文同者，作倉頡篇；中車府令趙高作爰歷篇；太史令胡毋敬作博學篇，皆取大篆或頗省改，所謂「小篆」是也。一名「秦篆」，一名「玉筯篆」，以筆致遒健得名。其字體可考者，有嶧山、泰山、瑯琊、之罘、碣石、會稽諸刻石，皆秦始皇東巡之勒石，以頌功德。瑯琊、泰山兩刻石今尚存拓本或原石，（泰山殘篆原石今存泰廟中）爲純粹秦代之文字。凡欲研究秦篆者，必由此以窺其面目。又有「五權銘」者，如秦權、秦斤、秦量，均見於積古齋鐘鼎款識與秦碑，皆爲考究小篆者重要之資料。但所當注意者，古代文字之刻諸石或勒於金者，各有其特殊之格。亦如甲骨文字，瓦當㊀文字，木刻文字，各有特種之姿。

上述倉頡篇、爰歷篇、博學篇，至漢合爲一篇，仍稱爲倉頡篇，又稱「三倉」，皆字書也。晉以後，字書以倉頡篇爲上卷，揚雄訓纂篇爲中卷，賈魴滂喜篇爲下卷，亦稱「三倉」。

註釋：

㊀瓦當文字　古宮殿瓦端所刻文字，如「延年益壽」之類。

·国学概要·
龙门联合书局
一九四七年版

第五節　隸書

隸書爲秦程邈所作。邈乃獄吏，得罪下獄，覃思十年，損益小篆，作隸書三千字，上之始皇，遂用之。其時官獄多事。文書日繁。邈乃斟酌古文，大篆，小篆之筆畫而成隸書，以備徒隸之用。故隸書一稱「左書」「左書」者即「佐書」也。上節所述之秦權、秦斤、秦量等，亦似秦代之隸書，皆由篆書蟬脫而出。故篆、隸二體，爲姬周及西漢文字之轉變時期。自有篆隸，其後「八分」、「楷書」皆由此分歧而出。漢代多隸書名家，如「五鳳石刻」爲隸書之最古者，開八分之姿致，尚存大小二篆之意態。夫隸書有秦隸、有漢隸，而漢隸又有古隸、八分之別。古隸即八分以前之隸書，其代表之作，如秦權、秦斤、秦量及漢五鳳二年刻石，漢孝成廟鼎，天鳳三年萊子侯刻石等，蓋古隸之風格，帶篆勢而有古意，較後漢所行之八分爲古樸。又如永建洗㈠及富貴洗文字，積古齋鐘鼎彝器款識編入後漢時代，雖兼篆隸二意，然其方正，與秦代及漢初之文字無異，可見古隸爲八分與楷書之啓源矣。

註釋：

㈠洗　古盥洗器名。

第六節　八分

八分、由古隸而漸生波磔，歸於整齊，成爲姿致遒美之字。八分之名，頗多異議，或謂「因其字體之姿勢有如「八」字，點畫分背，爲文，故謂之「八分」。」此說似有據，按說文『「八」者，別也；』象分別相背之形，左右丿乀，

·国学概要·
龙门联合书局
一九四七年版

互相相背之意。或有謂「取八分之篆，二分之隸」而言。或又以其在「八體」之後，故名。其創作者，如書苑云：『李陽冰謂「秦始皇時，上谷王次仲製八分之書。」』郭仲書云：「小篆散而八分生，八分亡而隸書出。」是則其體蓋創於篆隸之間，始於秦代歟？西漢乃古隸時代，東漢乃八分時代，故漢隸中頗多足認爲八分、章艸、楷書之啓源者。蓋一種字體之產生，固非一朝一時所能創作，卽就今日所流傳之八分與章草書互相對照，其筆法波磔之勢，多略相似，則古隸變爲八分，八分變爲章草，殆爲疑義。試取天鳳三年萊子侯刻石文字，與朱君長三字並觀，可見古隸之面目，及漸開八分變化之痕跡。試更取禮器碑與西嶽華山廟碑，以及其他漢代諸石刻文字一比較，則古隸與八分之殊異，不難辨析。而近有人以漢朱博碑、天鳳石刻、嵩嶽太室石闕、北海相景君碑、楊君石門頌、巴郡太守樊敏碑等，入於古隸統系之下，然就其波磔之勢而言，則又似應屬於八分書。蓋西漢適當文字沿革之過渡時期，故其字體有先後錯出之象，而八分書代表之作，當推上述之禮器碑與西嶽華山廟碑，爲書家視爲瓌寶者也。

第七節　章草

章者，有草創之義。草書之名，出於草稿之意，前人已有定論。而章草出於史遊「急就章」，前人亦有言之。但創作者究爲何人，如事物記原云「蔡邕作章草，劉德升作草書。」王右軍云「其先出於杜氏，名伯度者」。或有謂「漢時杜伯度所作，因章帝好之，令上表亦作此字，故名章草。」韋誕謂爲「草聖」。又有謂「用之於章程文書之上者」。但就其筆意觀之，近於有波磔之八分，且各字獨立，與後世草書之連綿接續者不同，於此可見八分與章草有變化之關係，卽後於八分之爲用也。（其代表之作，可觀歷代帝王法帖第一之漢章帝書）後有衞瓘、采後漢張芝之「芝白帖」法兼行書謂之「稾草。」王羲之、獻之書，謂之「今草。」結構徼妙者，謂之「小草，」復有所謂「遊絲之草。」蔡君謨以散筆作草謂之「散草，」亦曰「飛草。」草書遂有種種變遷，大抵皆有其脈絡之統系，而以章草在八分之後，楷書之先，已高占其位置矣。

第八節　楷書

楷者，法也，式也，模也。謂是書有法有式且有模型也。其創作者如晉書衛恆傳云：「上谷王次仲始作楷書。」一說『後漢時王次仲以楷書作隸稱爲「楷隸。」』而上谷王次仲係秦代人，則王次仲究爲何代人氏，可按楷書最初之字體由(一)古隸之方正，(二)八分之遒美，(三)章草之簡捷，脫化而生，是則王次仲當爲漢人。且以文字之變化推之，古隸八分章草通行之後，更入於整齊端方之時代，改其間架，變其結構，而產生楷書，卽今之所謂「正書，」此自然之趨勢也。如唐顏眞卿、柳公權之字，與楷書初體異其姿致，此所以成有唐一代楷書之風格。又如虞世南之「孔子廟堂碑、」歐陽詢之「皇甫君碑」亦現今通行體之正宗也。然觀唐代以前，溯六朝魏晉以至漢末，數百年間文字，有與八分、楷書相錯雜之筆意，如魏之鍾繇「賀克捷表」其法度可稱爲正書之祖。故今就楷書之沿革言之，漢末爲創制，魏晉六朝乃極盛，隋唐始集大成，歐虞褚顏柳皆一時之大宗師也夫。

第九節　行書

張懷瓘書斷云：『行書者，乃後漢穎川劉德升所造，卽正書之變體，務從簡易，相間流行，故稱「行書。」劉德升卽行書之祖。』又曰：『夫行書者，非草、非眞，離方進圓，兼行草者謂之「眞行，」兼草者謂之「行草。」其名行書者，乃於正式書體而外，更有通行書體之意，其說較爲適當。行書出於後漢，魏初胡昭、鍾繇並師其法，胡肥、鍾瘦，各得劉之一體。然千古名蹟，今已不得見其眞跡矣。

第十節　草書

草書又名「破草，」乃由章草或行書趨於簡捷者。對章草而言，又稱「今草。」其有連綿之勢者，謂之「連綿草。」其奔放自如者，謂之「破體。」世稱張懷瓘變後漢張伯英崔瑗父子之章草而作今草。

第四章　訓詁學

訓詁之意義　詁者，古言也。謂以今語解古語，此逐字解釋者也。訓者，順也。謂順其語而解之，此逐句解釋者也。

訓詁之由來　三代以前，以字音表字義。字各一義，無俟訓詁。然言語之變遷，有隨時代而殊者，如孟子「夏曰校，商曰序，周曰庠，」同一事物，而歷代之稱謂各異；則生於後世，必有不能識古義者。若欲通古言，必須以今語釋之。此一也。又有隨方言而殊者，如公羊之用「得來，」左傳之用「熸。」同一名義，而四方之稱不同，則生於此地，必有不能識彼地之言者。故欲通方言，必須以「雅言」證「方言。」且語言既與文字分離；凡通俗之文，必與文言之文有別，則書籍所用之文，又必以通俗之文解之。此二也。由斯二端，而「訓詁學」以起，始於周代，如爾雅爲周代之書，亦訓詁學之最古者也。

·国学概要·
龙门联合书局
一九四七年版

第一節　訓詁法

訓詁法、其綱有六。分述於左：

甲、音訓　取音近之字，來訓本字，此爲訓詁法之正例。上古之時，一字一義，後因言語不同，分爲數字，可以音近之字義相同者訓之。劉熙一部釋名，大都以音爲訓。例如

(一)取有偏旁之音，訓無偏旁之字。如荀子「君，羣。」釋名「春，蠢也。物蠢動而生也。」

(二)取無偏旁之音，訓有偏旁之字。如論語「政者，正也。」釋名「佐，左也。在左右也。」

(三)雙聲㊀爲訓。如孟子「畜君者，好君也。」

(四)疊韻㊁爲訓。如孟子「庠者，養也，」禮記「仁者，人也。義者，宜也。」

乙、形訓　取字形解釋字義。許氏說文於一字，既釋其義，又說从某从某，此謂形訓。此外諸子傳記，亦間有此訓，如左傳「止戈爲武。」說文「雧，羣鳥在木上，从雥从木。」

丙、義訓　此爲訓詁之常法。通異言，辨名物，前人所以詔後，後人所以識古，全賴於此。惟其法較多，述於左：

(一)直言其義　易「震，動也。」孟子「洚水者，洪水也。」

(二)陳說其事　爾雅「善父母爲孝，善兄弟爲友。」

註釋；

㊀㊁雙聲　疊韻見本編第六章第六節

(三)取狹義以訓廣義　鄭玄禮記注「述、謂述其義也。」又「道、謂仁義也。」

(四)取虛義以訓實義　易「蒙者、蒙也。」孟子「徹者、徹也。」

(五)數字遞相爲訓　禮記「福者、備也備者、備百順之名也無所不順之謂備。」莊子「庸也者，用也用也者，通也通也者得也。」

(六)加字爲訓　詩「窈窕淑女，君子好逑。」毛傳「窈窕，幽閑也。淑，善也。逑，匹也言后妃有關雎之德，是幽閑貞靜之善女宜爲君子之好匹。」

(七)比喻爲訓　詩「維天之命。」鄭康成注「命猶道也。」禮記「不興其藝，不能樂學。」鄭康成注「興之言喜也，歆也。」

丁、以共名訓別名　荀子曰：「物也者，大共名也。鳥獸也者，大別名也。」由此可知百物本有共名、別名之分惟別名雖與公名不同，而公名卻可包括別名，故同類事物有不能取別名爲訓者，則以共名訓之。如左傳「凡師一宿爲舍，再宿爲信，過信爲次。」禮記「凡祭有四時：春祭曰礿，夏祭曰禘，秋祭曰嘗，冬祭曰烝。」

戊、以「雅言」訓「方言」　「雅言」爲普通語，「方言」爲一地語。「方言」有不能解者，必須「雅言」以解之。如漢代揚雄作方言，近人章太炎作新方言，卽此意也方言「曾，訾，何也？湘潭之原，荆之南鄙，謂何爲曾，或謂之訾，若中夏言何爲也。」

己、以今訓古　古代語言文字與後世不同。後世人欲了解古語、古文，則須以今訓古。其法有三：

(一)以今語訓古語　如公羊傳「焚咸邱。焚之者何？樵之也。」何休注「樵之，齊人語。」

·国学概要·
龙门联合书局
一九四七年版

(二)以今制訓古制　如周禮「官屬以舉邦治。」鄭康成注「官屬，謂六官，其屬各六十，若今博士、太史、太宰、太祝、太樂屬太常也。」

第五章　歷代之訓詁學與書

第一節　周代

訓詁學始於周易。經繫辭爲周易之訓詁。公羊、穀梁二傳，爲春秋之訓詁。禮記爲周禮、儀禮之訓詁。而爾雅一書，尤爲訓詁學之祖，以義爲主之訓詁也。如

(一)釋詁一篇　釋今言異於古言。如「初哉，首基，肇祖，元始，俶落，權輿。」權輿，始也。由初哉至權輿，皆係古代之稱，而始字則爲今代之稱。

(二)釋言一篇　釋方言異於雅言。如「斯侈」離也。注云：「齊陳曰斯侈」，是「斯侈」爲方言，「離」爲雅言。

(三)釋訓一篇　釋直言殊於文言。如「昭昭、斤斤」察也。「條條、秩秩」智也。昭昭，斤斤，條條，秩秩，皆文詞所用之言，而察、智則爲通行之義。

後代注爾雅與疏爾雅之書，代有其人，其書綦多，茲不勝舉。周代舍爾雅外，有史籀，史篇爲教授兒童之用。

第二節　秦朝

秦朝李斯之倉頡篇，趙高之爰歷篇，胡毋敬之博學篇，字各爲類，兼有注文，亦治「小學」之書。

第三節　兩漢

兩漢專經，於六經皆有注解。其訓詁之法，或解字義，或解字音，而以字義屬於字音者爲正例。其訓詁法有二：

(一)以今語訓古語　如禮記鄭康成注云「移，讀如水氾移之移」此俗語也。說文「鬗，髮貌」讀如江南謂「酢母爲鬗」此方言也。

(二)以今制訓古制　周禮馬融注云：「中車皆有客蓋，今之羽蓋是也。」周禮鄭康成注云：「符節者，如今宮中諸官詔符也。璽節者，今之印章也。旌節，今使節所擁節是也。」

漢代訓詁之書較多。其最著者有

(一)許愼之說文。其說字之例，必先字義，而後字形。若兩形併列之字，必視其形與字義相近，然後以此字屬某部。列部五百四十。已集字書之大成，而依其說字之法，亦漢代訓詁書之正宗。淸段玉裁作說文解字注。

(二)劉熙之釋名，以字音釋字義，而字義即屬於字音。誠以字音相同，義必相近。故說字以音爲本，此漢儒之正例也。淸代江聲、畢沅皆有疏解。

(三)班固之白虎通。其例(一)以他字釋本字，非係聲同，即係聲近。(二)既以他字釋本字，復據他字之義，以伸明本字所含之義。(三)含字義而釋微言，以明其故。近代陳立作疏證。

·国学概要·
龙门联合书局
一九四七年版

第四節　魏晉隋唐五代

魏晉南北朝之訓詁學，仍守漢儒家法。唐代有所謂「義疏」之學，以疏解注，與以注釋經相同，蓋漢魏以前之文，已非隋唐人所能解矣。甚有以佛書之語立訓者，如「虛靈不昧」「明性復初」且有以俗語立訓者，如「工夫」「東西」「這個模樣」是則語錄㊀之風氣。五代南唐有大徐本小徐本，爲徐鉉與徐鍇所作，皆精小學。鉉將許氏說文解字重加刊定，益以未收之字，爲新附字，世稱大徐本。其後鍇又著說字繫傳，世稱小徐本。

註釋：

㊀語錄　宋儒程朱講理學以語體文記錄之。

第五節　清代

清代初惑於陽明之學。顧炎武大倡「舍經學而無理學」之說，於是辨僞者有人，考證者有人，著新疏者有人，綜漢、唐之注疏、正義、箋注各學者，無不有人。其最著者有王引之之經傳釋詞，阮元之經籍纂詁，俞樾之古書疑義舉例。

第六章　音韻學

氣流由口腔外達而受阻厄者爲聲，其不受阻厄者爲韻，聲與韻相合以成音。故聲者，音之所從發；韻者，音之所由收。顧野王玉篇㊀云：「聲音和曰韻。」由是可知音韻有相連之關係。研究字音，卽研究音韻。所以字音學亦稱爲音韻學。而音韻學分「古韻」、「今音」、「等韻」三部。茲分述之。

註釋：

㊀玉篇　梁顧野王撰。三十卷。文字訓詁之書。

第一節　古韻

夫字之有音，卽造字之本也。亦卽文字之本音。秦漢以前，爲古音時期。六書之教，形聲居一，許氏所謂「取譬相成，」以聲爲譬。此卽韻之作用也。我國古時歌謠諺語，無不有韻。六經諸子，亦多爲有韻之文。可知韻文發達最早。特其時音韻本諸天籟，依其聲而協和之，無須韻書爲準也。「古韻」專書，以宋吳棫所著爲最先。有毛詩補音、楚辭釋音、韻補等書。其存者有韻補五卷。次之有明楊慎著古音叢目、古音獵要、古音餘、古音附錄、古音略例諸書，皆仿吳棫之例，以「今韻」分部，而以古音相叶者隸之。再有陳第著毛詩古音考及屈宋釋音義，於是古音之學，榛蕪悉闢。至淸而精韻學者，當推顧炎武、江永。顧有古韻表，分十部。江有古韻標準，分爲十三部。又有段玉裁之六書音韻表，分十七部。戴震有聲類表。近人章太炎作成均圖，古音學遂大昌明。

第二節　今韻

「今韻」者，隋唐以來，歷代詩家承用之譜也。此區別「四聲，」各爲一「紐，」㊀而各「紐」之中，又合音近

·国学概要·
龙门联合书局
一九四七年版

之字爲一韻也。如周彥倫四聲七韻㊀及沈約之四聲譜，今皆不傳。故言切韻者稱隋陸法言，凡一單，二千一百五十八字，書又不傳，惟大略尚見於廣韻所載法言自序。今存本之最早者，惟宋廣韻。廣韻有三本：(一)爲雍熙廣韻一百卷，今已不傳。(二)爲原本廣韻五卷，不著撰者名氏，永樂大典引之，皆曰陸法言廣韻，殆因陸書舊部而用其名。(三)爲重修廣韻五卷，神宗命陳彭年因陸書而益刊之，凡二單六千一百九十四字。二書皆分二百六部。後有江北平水劉淵新刊禮部韻略，併適用之韻爲一百另六部（上平十五，下平十五，上聲二十九，去聲三十，入聲十七）世謂之平水韻。元明以來皆用之。如明之洪武正韻，清之佩文韻府，其分類皆倣之。此「廣韻」之大略也。

註釋：

㊀紐　見本章第六節

㊁四聲七韻　王先書韻學通指謂平、去、入皆有陰陽，惟上聲無之。

第三節　等韻

「等韻」者，中國拚音之學也。其事初原於反切。（反切見第五節）宋鄭樵七音略㊀及元劉鑑切音指南，以聲之洪細，別爲一、二、三、四各等。而各等又分開口呼，合口呼，齊齒呼，撮口呼。一韻之中，率有開合，又有合口無開口，及有開口無合口者，其辨析甚微。此等韻之大略也。

註釋：

㊀七音　宮、商、角、徵、羽、變宮、變徵也。等韻之學，分發音爲脣音、舌音、牙音、齒音、喉音、半舌音、半齒音，亦謂七音。

·国学概要·
龙门联合书局
一九四七年版

第四節　四聲

古代人聲音重濁，凡音近之字，皆可互叶，無所謂平仄，更無所謂四聲。然虞書云：「歌永言。」永，長也。有長必有短，則是時已有長短二聲，即後之平仄也。段玉裁謂「古無上聲。」江沅孔廣森謂「古無入聲。」何休解公羊傳，亦祇言長言短言而已。如顧亭林音論曰：「平上去入之名，漢時未有。」及魏李登作聲類，始以五聲命字。晉呂靜仿之爲韻集五卷，宮、商、角、徵、羽，各一篇，書均不傳。至齊梁間，汝南周顒著四聲切韻，沈約撰四聲韻譜，四聲乃興。梁沈約又撰四聲譜。所謂四聲者，平、上、去、入是也。至四聲之辨別，自六朝以降，言者不一。茲擇其通曉者述之：

平聲哀而安。　上聲需而舉。　去聲淸而遠。　入聲直而促。　此爲唐元和韻語。

平聲，平道莫低昂。　上聲，高呼猛烈強。　去聲分明哀遠道。　入聲促促急收藏。　此爲明釋眞空玉鑰匙歌訣

顧炎武謂「平聲，輕遲；」「去聲，重疾。」江永謂平聲「長空如擊鐘鼓；」去聲「短實如擊土木。」張成孫謂平，長言；上，短言；去，重言；入，急言。

平聲有陰陽　魏李登始以五聲命字。晉呂靜作韻集，宮、商、角、徵、羽，各爲一篇。是爲字區五聲之始，而齊梁間沈約始定四聲。其實平聲宜分陰陽，故有五音之說。五音又與古樂五聲相配，例如陽平，商聲也；陰平，角聲也；上聲，宮聲也；去聲，徵聲也；入聲，羽聲也。知五音之配五聲，則知五音本音韻自然之理。特古人之音簡單，故未分五音；後世之音複雜，故五音之分遂顯。愈閉塞則音愈簡，愈開化則音愈繁，所以北方無入聲，南人具「七音」也。

第五節　反切

「反切」之起源，由於語音自然之伸縮疾徐。徐呼之則爲二音，急呼之則爲一音。起於漢末，其學古已有之。宋沈括云：「古語已有二聲爲一字者，如不可爲叵，何不爲盍，如是爲爾，而已爲耳，之乎爲諸。」鄭樵云：「慢聲爲二，急聲爲一，如慢聲爲者焉，急聲爲旃，……」此皆反切之濫觴也。東漢之末，經生注釋之學發達，遂利用古來語言流露之聲，造作反語，用爲識字之途徑，如東漢應劭注漢書地理志，於廣漢郡梓里下，遼東郡沓氏下，皆有反語之一條。迨魏孫炎張然作爾雅音義，所有反語之法，如胎—不才反，台—羊而反，販—方滿反，則反切之用，於以成立矣。至反切之法，古今韻會云：「一音展轉相呼謂之反，一韻之字相摩以成聲謂之切；以子呼母，以母呼子也。」其實兩字相切，以上一字定清濁，下一字定開合，而切成之字，與上一字必爲「雙聲」，與下一字必爲「疊韻」。如古、紅切音爲公，則古、公爲雙聲，公、紅爲疊韻。

第六節　雙聲疊韻

雙聲者，古人所謂和，切韻家所謂同母之字，小學家所謂一聲之轉也。疊韻者，古人所謂諧，切韻家所謂同韻，小學家所謂音近之字也。如每以母聲，每、母雙聲也。存以才聲，存、才，雙聲也。篳以律聲，篳、律，疊律也。至羣經諸子中，凡名物德業之詞，二字相屬者，多出於「雙聲」「疊韻」之一途。如「離婁」「滅明」「唐棣」，皆名物之雙聲也。「崑崙」「皋陶」「奚齊」，皆名物之疊韻也。「悠遠」是表德之雙聲，「黽勉」是表業之雙聲。「窈窕」是表德之疊韻，「逍遙」是表業之疊韻。

第七節　韻紐

韻者，類聚疊韻之文，取一字以爲標目，如東、冬、江、陽是也。紐者，類聚雙聲之字，取一字爲標目，如見、溪、羣、疑是也。故韻紐者，卽備成字音之原素也。而有「正紐」「旁紐」「同紐」之別。「正紐」者，字音以四聲相紐，如眞、整、正、隻以發音同而以四聲爲排比也。「旁紐」者，字音同雙聲而不同紐，借他字轉輾聯屬之，如眞之爲雙聲，而以眞征之爲紐。「同紐」者，凡同一聲母之字，謂之同紐。

第八節　聲母

當字母未興，切音惟取「雙聲」「疊韻」之字以相助，而聲母未立，致雙聲取字，汎濫無歸，如廣韻一書，用爲上一字者有四百五十二字之多，學者記之，殊爲不便，於是「字母」乃應運而生。「字母」來自佛書，自東漢明帝，佛書之入中國，與時俱增，而皆爲梵字，不得不譯成漢文，於是有梁婆羅門書，能以十四字貫一切音，華嚴註字母四十二，具以譯佛經，初未資以反切也。至唐舍利創字母三十，後僧守溫益六字，共成三十六字母，爲見、溪、羣、疑（牙音），端、透、定、泥（舌頭音）知、徹、澄、娘（舌上音）幫、滂、並、明（重唇音）非、敷、奉、微（輕唇音）精、清、從、心、斜（齒頭音），照、穿、牀、審、禪（正齒音），曉、匣（淺喉音）影、喻（深喉音）來、日（半齒半舌）雖其原圖已亡，而宋代諸儒言切韻者，如司馬光切韻指掌圖，鄭樵通志七音略，皆遵用之。此後「音紐」有標準矣。近世注音字母，形體雖取簡單漢字，而標音仍多取於守溫三十六字母。

·国学概要·
龙门联合书局
一九四七年版

第二編　史學

第一章　概述

史之意義　說文云「史，記事者也。从又持中，中正也。」玉篇云：「史，掌書之官也。」周禮天官宰夫：「八職，六曰史，掌官書以贊治。」是史爲古代帝王掌書記之官，而秉持中正之筆也。春秋時，晉有董狐，遇事直書，孔子以爲良史。

史之由來　黃帝立倉頡、沮誦，以掌書契，是爲史官之始。周禮天官宰夫八職其「六曰史，掌官書以資治。」春官，「太史掌建邦之六典，小史掌邦國之志，內史掌王之八枋，外史掌書外令。」禮記玉藻，「動則左史書之，言則右史書之。」周禮天官，又有「女史，掌王后之禮。」至春秋各國，皆有史臣，蓋古代史職，歸在政府，民間無所謂史也。及周代官失其守，諸所記注，多違舊章，孔子乃依據魯史筆削其文，以嚴褒貶，遂開史學「編年體」，爲後世所宗焉。春秋之世，各國皆有國史，晉之乘，楚之檮杌，魯之春秋，其義一也。戰國之世，言語異聲，文字異形，秦代短促，楚漢紛爭，史學未興。漢孝武時，太史令司馬遷繼其父談之業，作史記百三十卷，有本紀、表、書、世家、列傳，遂開史學「紀傳體」，亦爲後世史家所宗焉。由是我國史學家劉知幾著史通一書，首列二體

史之體例　史學重體例，劉知幾史通首列二體，曰編年，曰紀傳。編年體以年爲主，事繫於年，人見於事，春秋開

其初，而左氏傳之。司馬遷改編年爲紀傳，荀悅又改紀傳爲編年，後之通鑑等史皆仿此。是編年體始於春秋左氏傳，而入於經不以史稱。其以正史稱者，厥惟宋司馬光之資治通鑑，自周烈王起，至後周止，凡二百九十四卷，體大思精，網羅宏富，而立編年史之宗。紀傳體以人爲主，史記開其先，而漢書承之。司馬貞曰：「紀者，記也，本其事而記之，故曰本紀」。傳者，傳也，傳其事以示來世。史通云「夫紀傳之興，肇於史漢，蓋紀者編年也，傳者列事也。編年者，記帝王之歲月，猶春秋之經；列傳者錄人臣之行狀，猶春秋之傳。」是爲紀傳之命義。然紀傳體詳於個人，而疏於羣治；編年體便於檢日月，而難於尋終始。宋有袁樞因司馬光之通鑑原文，區別門目，以類排纂，每事各詳起訖，自爲標題，每篇各繫年月，自爲首尾，始於三家之分晉，終於周世宗之征淮南，經緯明晰，節目詳具，可明事蹟之因果，又可鑑往而知來，是爲史學之進步，而有此「紀事本末體」之創始也。劉知幾係唐人，未知後有紀事本末體，故有二體之稱，而後代研究史體者，似以紀傳、編年、記事本末三體爲尚焉。

史之總目與分類　漢志中無史之一部，僅屬於六藝略之春秋。至隋藝文志，始以經、史、子、集分爲四部，而史部中首列正史，紀傳體始定爲正史。唐以前諸史，通行於世者，惟史記、前後漢書、三國志四書，謂之四史。其後史目日多，有十史、十三史、十七史、十八史、二十一史、二十四史諸名。茲述其目於左：

（一）十史　唐初以三國志、晉書、宋書、南齊書、梁書、陳書、魏書、北齊書、周書、隋書爲十史，而史記與前後漢書不與焉。

（二）十三史　唐之中葉，復配以史記、前後漢書，合爲十三史。

（三）十七史　宋於十三史外，加南史、北史，改劉昫之舊唐書爲新唐書，薛居正之舊五代史爲五代史記，總稱

·国学概要·
龙门联合书局
一九四七年版

十七史。

(四)十八史　元於十七史外，加宋史。

(五)二十一史　明於十八史外加遼史、金史、元史。

(六)二十二史　清初於二十一史外，加明史。

(七)二十四史　清乾隆時，明史修成，於二十一史又加舊唐書、舊五代史，爲二十四史，是爲正史之目。至於分類，隋書經籍志史部分十三類，清四庫全書史部分十五部，似覺繁瑣，而可概括之爲兩大類：一曰正史，二曰雜史。正史分紀傳、編年、紀事三部。雜史分別史、政書、地理、目錄四部。則凡隋書經籍志史部與四庫全書史部之所列者，可賅之矣。茲依正史與雜史分章述之於左：

第二章　正史

正史者，史籍之正宗。其名見隋志。自史記、漢書以至明史，都爲二十四史，皆屬之，亦皆紀傳體。依次述之。

(1)史記　漢太史令司馬遷撰。漢武帝置太史公，命司馬談爲之，乃據左傳、國語、世本、戰國策、楚漢春秋，接以後事，成一家之言，未成而卒。其子遷嗣爲太史令，續其業，成史記一書。上始軒轅，下迄漢武，作本紀十二，表十，書八，世家三十，列傳七十，納二千四百十三年之史蹟於百三十卷之中。本紀者，裴松之云：「天子稱本紀，本者，繫其本世，故曰本紀者，理也，統理衆事，繫之年月，名之曰紀。」世家者，司馬貞云：「世家者，記諸侯本世也。言其下及子孫，常有國。」表者，司馬貞云：「『應劭云，表者，錄其事而見之。』按禮有表記，而史記十表與紀傳相維繫，系年列爵，眉目清朗。」』書者，司馬貞云：「書、記五經六籍總名也。史記之八書，記國家大體。班氏謂之志，亦書記也。」史通云：「司馬遷曰書，班固曰志，蔡邕曰意，華嶠曰典，張勃曰錄，何法盛曰說，名雖異，體實不殊。」而史記八書以紀典制。列傳者，司馬貞云：「列傳者，謂敘人臣事跡，令可傳於後世，故曰列傳。」

（2）漢書　後漢班固撰。史遷卒後，好事者頗有著述，然多淺鄙，不足相繼。至後漢班彪綴後傳數十篇，又略而不詳，未成一家。彪卒，明帝命其子固續成其志，乃斷自高祖，終於王莽，凡本紀十二，表八，志十，列傳七十。八表及天文志未竟而卒。班昭（固妹）續成之，共百二十卷。是爲「斷代史」之始。其書武帝以前多採史記，太初以後，雜以史孝山、褚少孫、揚雄、劉歆、班昭之文，駁而不純，不如史記出於談與遷父子手之精粹也。

（3）後漢書　宋范曄撰。自東漢光武至獻帝止，作十記，八十列傳，十志未成，曄已被誅。後取司馬彪續漢書八志注爲三十卷，并范書，共百三十卷，無表。

（4）三國志　晉陳壽撰。魏志三十卷，蜀志十五卷，吳志二十卷，共六十五卷。魏志有四紀，二十列傳。蜀志有十五列傳。吳志有二十列傳。敘事簡明而不冗漫，文章純潔而不浮靡，在當時已稱良史之才。然宋文帝嫌其簡略，命裴松之補注，博採羣說，分入書中，多過原書數倍。

以上四書，世稱爲四史。而此四史之相異者，可得而言：（一）史記作書，漢書作志，如律曆志則本律書曆書；禮樂志則本禮書、樂書；食貨志則本平準書；郊祀志則本封禪書；天文志則本天官書；溝洫志則本河渠書；又增刑法、五行、地理、藝文四志。書與志名異而實同。但漢書已補史記之不足也。（二）史記列傳各以類從，又別立儒林、循吏、酷吏、刺客、游俠、佞幸、滑稽、日者、龜策、貨殖諸傳，而漢書少刺客、滑稽、日者、龜策，增西域傳。

·国学概要·
龙门联合书局
一九四七年版

後漢書於儒林、循吏、酷吏外，又增黨錮、宦官、文苑、獨行、方術、逸民、列女等傳。(三)史記列孔子爲世家，爲其道尊而子孫相傳。列陳涉爲世家，爲其首抗秦而建國稱王。而漢書皆改爲列傳，取其名實符也。(四)三國志則三國幷列，不用紀傳之名，以示各自獨立；亦無志表，爲正史中之別體。自後諸正史，或有志或無志，而表則多無，自陳壽三國志開其例。

(5)晉書　唐房喬奉勅纂錄。太宗以前後晉書十有八家，未能盡善，及書成，衆家盡廢。西晉四帝，東晉十一帝，又五胡割據中原，爲五涼、四燕、三秦、二趙、蜀、夏十六國，共成帝紀十，志二十，列傳七十，載紀三十，凡百三十卷。

(6)宋書　梁沈約撰。本紀十，志三十，列傳六十，凡一百卷。

(7)南齊書　梁蕭子顯撰。紀八，志十一，列傳四十，凡五十九卷。

(8)梁書　唐姚思廉同魏徵撰。本紀六，列傳五十，凡五十六卷。

(9)陳書　唐姚思廉撰。本紀六，列傳三十，凡三十六卷。

(10)魏書　北齊魏收撰。本紀十二，列傳九十，志十，凡百十四卷。

(11)北齊書　唐李百藥撰。本紀八，列傳四十二，凡五十卷。(殘闕不完。)

(12)周書　唐令狐德芬撰。本紀八，列傳四十二，凡五十卷。(殘闕不完。)

(13)隋書　唐魏徵等撰。帝紀五，列傳五十。又長孫無忌等撰十志三十卷，共成八十五卷。

(14)南史　唐李延壽撰。起於宋終於陳。本紀十，列傳七十，凡十八卷。

(15)北史　唐李延壽撰。起於魏終於隋。本紀十二，列傳八十八，凡百卷。

(16)舊唐書　後晉劉昫等撰。本紀二十，志三十，列傳百五十，凡二百卷。語多支蔓，動乖體例。

(17)新唐書　宋歐陽修，宋祁同撰。本紀十，志五十，表十五，列傳百五十，凡二百二十五卷。曾公亮云：「其事則增於前，其文則省於舊。」吳縝則指摘瑕疵，爲新唐書糾謬。

(18)舊五代史　宋薛居正奉勅撰。梁書二十四卷，唐書五十卷，晉書二十四卷，漢書十一卷，周書二十二卷，世襲列傳二卷，僭僞列傳三卷，外國列傳二十二卷。凡紀六十一卷，志十二卷，傳七十七卷，共百五十卷。

(19)新五代史　宋歐陽修撰。本紀十二，列傳四十五，考三，世家十，十國世家年譜一，四夷附錄三，凡七十四卷。吳縝爲作五代史纂誤。

(20)宋史　元脫克脫修。本紀四十七，志百六十二，表三十二，列傳二百五十五，凡四百九十六卷。是書卷帙浩繁，修成倉卒，有一人兩傳者，有一事重見或數見者，有數人共一事而傳文各不相及者，有不必立傳而立傳者，有宜附見而立專傳者，脫略疏漏，舛誤矛盾，後世匡正者多。

(21)遼史　元脫克脫修。本紀三十，志二十二，表八，列傳四十五，國語解一，凡百十六卷。疏陋重複，亦如宋史。

(22)金史　元脫克脫修。本紀十九，志三十九，表四，列傳七十三，凡百三十五卷。此較宋遼兩史爲可觀。

(23)元史　明宋濂修。本紀四十七，志五十八，表八，列傳九十七，凡二百十卷。刻期告成，疏漏繁複，未能盡善。

(24)明史　清張廷玉等奉勅修。後經諸臣續蕆其事，先後近六十年，而於明代大政及事變，尚多疏略，有謂類於方志之書。本紀二十四，志七十五，表十三，列傳二百二十，凡三百三十二卷。

近有廿五史之目，係於以上廿四史外列新元史一書。是書係清膠州柯劭忞撰。本紀二十六，表七，志七十，列傳

·国学概要·
龙门联合书局
一九四七年版

百五十四，凡二百五十七卷。博稽羣籍，於地理及史實，力求翔確，足以補正舊元史之缺失。

以上二十四史皆正史而紀傳體也。其編年體者，當推春秋及左氏傳爲祖。竹書紀年，雖載周平王東遷以後之晉事，而其書之眞僞，未可確定。漢司馬遷改編年爲紀傳，荀悅又改紀傳爲編年，宋司馬光著資治通鑑，亦屬編年，神宗以鑑於往事有資於治道，遂命名曰資治通鑑。茲舉編年史之最著者，分述於左：

(1)漢紀　東漢荀悅撰。凡三十卷。獻帝以漢書文繁事省，令悅依左氏傳體，改爲漢紀，詞約事詳，論辨多美，大行於世。

(2)後漢紀　晉袁宏撰。凡三十卷。

(3)資治通鑑　宋司馬光撰。凡二百九十四卷。始於周烈王，終於後周。越十九年而成書。蒐集宏富，體大思精，爲編年史之宗。

(4)續資治通鑑　宋李燾撰。凡五百二十卷。備載北宋一祖八宗事蹟，

(5)通鑑綱目　宋朱熹金履祥明商輅撰。通鑑綱目前編十八卷，外紀一卷，舉要三卷，通鑑綱目續編二十七卷，凡五十九卷。朱子以資治通鑑不立提綱，檢閱不便，故撰此書，兼採春秋褒貶之義法，而又標準道義，後世盛行之。

(6)御批歷代通鑑輯覽　清乾隆朝臣奉勅撰。凡百十六卷，附明唐桂二王本末三卷。起自黃帝，迄於明末，編年紀載，綱目相從。目所不賅者，則別爲分註於下，而音切訓詁，典故事實，有關攷證者，亦詳列焉。

(7)御批通鑑綱目三編　清張廷玉等奉勅撰。凡四十卷。採明代史實，以續朱子及商輅之書。

(8)資治通鑑後編　清徐乾學撰。一百八十四卷。

(9)續資治通鑑　清畢沅撰。三百二十卷。

紀事本末主詳一事之始末。東漢有吳越春秋，已肇是體之鶵形，而成功於宋袁樞之著通鑑紀事本末。茲將是體類最著之史分述於左：

(1)通鑑紀事本末　宋袁樞著。凡四十二卷。四庫全書云：「自漢以來，不過「紀傳、」「編年、」兩法，乘除互用，然「紀傳」之法或一事而見數篇，賓主莫辨。「編年」之法或一事而隔越數卷，首尾難稽。樞乃自出新意，因司馬光資治通鑑區別門目，以類排纂，每事各詳起訖，自爲標題，每篇各編年月，自爲首尾，始於三家之分晉，終於周世宗之征淮南，包括數千年事蹟，經緯明晰，節目詳具，前後始末，一目了然，遂使「編年、」「紀傳」貫通爲一，實前古之所未有也。」

(2)宋史紀事本末　明陳邦瞻撰。二十六卷。一代興廢治亂，略具概要。

(3)元史紀事本末　明陳邦瞻撰。四卷。

(4)明史紀事本末　清谷應泰撰。八十卷。

(5)繹史　清馬驌撰。凡一百六十卷。採自上古至秦末之事，與袁樞之書，均卓然特創者也。

(6)左傳紀事本末　清高士奇撰。五十三卷。

第三章　雜史

雜史之目，見於隋志。凡屬一時之見聞，或紀一事之始末，或傳正史之闕文，足資考證者皆屬之。劉知幾所述偏

·国学概要·
龙门联合书局
一九四七年版

書家、國語家、及雜述篇之十流，咸爲是類。茲區分爲別史、政書、地理、目錄四類，分述於左：

第一節　別史

陳振孫書錄解題，創立別史一門，以處上不至於正史，下不至於雜史者。四庫提要因之。

(1)逸周書　舊題汲冢周書。晉太康二年汲郡人得於魏安釐王冢中。然漢魏人著書引此書者多，是漢時已有之，非出於汲冢中也。晉書荀勗、束晳諸傳載汲冢書，無周書，漢志乃有周書七十一篇。陳振孫書錄解題，以爲戰國時人所爲。今本凡十卷。宋以來已無善本，蓋亡佚已久矣。

(2)國語　左邱明作。左氏既依春秋而作傳，祇載其事，所謂「右史記事，事爲春秋。」而各國之言論，不可湮沒，乃分國記之，以成國語一書，乃史之一體。史通謂之國語家。今本二十一卷。又名春秋外傳，而左傳曰春秋內傳。

(3)戰國策　漢劉向裒合先秦策士之言，並爲一編，又名長短書。史遷史記多採其文。三十三卷。

(4)吳越春秋　漢趙煜撰。十卷。記春秋之末吳越之興亡。

(5)越絕書　漢袁康撰。記越王句踐事。十五卷。

(6)東觀漢紀　班固、尹敏等初創作，遞有增減，至蔡邕乃成書。二十四卷。

(7)華陽國志　晉常璩撰。記巴蜀地形人物，自上古至東晉。凡十二卷。

(8)十六國春秋　魏崔鴻撰。記東晉時十六國之興亡。一百卷。

(9)史通　唐劉知幾撰。分內外篇。內篇論史家體例，辨別是非。外篇述史籍源流，古今得失。二十卷。清浦起龍

·国学概要·
龙门联合书局
一九四七年版

有通釋二十卷。

(10)東觀奏記　唐裴庭裕撰。專記宣宗一朝事。三卷。

(11)路史　宋羅泌撰。上述三皇，下逮兩漢之末，引據浩博。四十七卷。

(12)歷代紀事年表　清龔士炯、王之樞撰。上自堯下迄元凡三千七百二十五年，蒐集宏富，總括終始，爲讀史之津逮。

(13)歷代帝王年表　清齊召南撰。三卷。

(14)歷代史表　清萬斯同撰。以十七史自漢書以下，惟新唐書有表，乃宗史記、前漢書之例，各爲補撰。五十三卷。

(15)宋元學案　黃宗羲原本，清全祖望修。黃爲陸王之學，全爲程朱之學，兩家合修，無一偏之弊。

(16)明儒學案　清黃宗羲撰。敍述明儒源流分合頗詳盡。六十二卷。

(17)漢學師承記　清江藩撰。記考據家派。八卷。

(18)清先正事略　清李元度撰。

第二節　政書

夫史載事實與典制二者。紀傳史無會通之益。編年史雖通聯朝代，而典制難詳。惟通典、通志、通考，皆專詳歷代之政典，此政書之最著者也。

083

（1）通典　唐杜佑撰。二百卷。凡分八門：曰食貨，曰選舉，曰職官，曰禮，曰樂，曰兵刑，曰州郡，曰邊防，每門又各分子目。上溯黃虞，下訖唐之天寶，歷代沿革，記載詳而不煩，爲掌故學之淵海。與宋鄭樵之通志，馬端臨之文獻通考，稱爲三通。然鄭泛濫無歸，馬或詳略失當，不及此書之精核。（參觀第四章四節）

（2）通志　宋鄭樵撰。二百卷。有帝紀皇后列傳年譜、略、列傳，而全書之精力，惟在二十略，曰氏族，曰六書，曰七音，曰天文，曰地理，曰都邑，曰禮，曰謚，曰器服，曰樂，曰職官，曰選舉，曰刑法，曰食貨，曰藝文，曰校讎，曰圖譜，曰金石，曰災祥，曰草木昆蟲。（參觀第四章第四節）

（3）文獻通考　元馬端臨撰。三百四十八卷。分二十四考：曰田賦，曰錢幣，曰戶口，曰職役，曰征榷，曰市糴，曰土貢，曰國用，曰選舉，曰學校，曰職官，曰郊祀，曰宗廟，曰王禮，曰樂，曰兵，曰刑，曰經籍，曰帝系，曰封建，曰象緯，曰物異，曰輿地，曰四裔，多以通典爲藍本，雖遜通典之簡嚴，而詳贍過之，非通志所可及。

（4）續通典　清乾隆敕撰。百四十四卷。通典終於天寶之末，是書自唐肅宗至德元年，訖明崇禎末年。篇目一仍杜氏，而典制之源流，政治之得失，記述詳贍，確能繼紹通典。

（5）續通志　清乾隆敕撰。五百二十七卷。紀、傳、譜、略，一仍鄭氏，而列傳稍改革，條理分明，考核精詳，較通志爲佳。

（6）續文獻通考　清乾隆敕撰。二百五十二卷。馬氏通考斷自宋寧宗嘉定以前，是考採宋遼金元明五朝事蹟。而門類一仍馬氏之原目。

（7、清通典　清乾隆時敕撰。一百卷。仍杜氏之舊。

·国学概要·
龙门联合书局
一九四七年版

(8)清通志　清乾隆時敕撰。二百卷。二十略仍鄭氏之舊，而紀傳年譜略之。

(9)清文獻通考　清乾隆時敕撰。二百六十卷。二十四門，仍馬氏之目，別立羣廟一門，合以二十五門。又劉錦藻有皇朝續文獻通考，以補乾隆以後至清季之制度變遷，相一貫矣。

以上通典、通志、通考，世稱三通。並續三通、清三通，世稱九通，爲歷代典章制度之滙海。今加續清通考爲十通。而有唐會要、明會典、清會典誌一朝之典章制度，亦政書之重要者。

第三節　地理

古地理志載方域、山川、風俗、物華、郡縣志，始見於載籍者，有尙書之禹貢，周禮之職方氏。至唐之元和郡縣志，頗涉古籍，蓋用山海經例。太平寰宇記又增人物，且及藝文，遂爲州縣志之濫觴。元明以後輿圖一項，反若附錄，失其體矣。

(1)水經注　舊題漢桑欽撰，以書中地理證之，三國時之書。其注則後魏酈道元作。四十卷。明以後，傳刻舛譌尤多。沈炳巽撰有集釋訂訛。

(2)元和郡縣志　唐李吉甫撰。四十卷。古地理書此爲最古，已佚七卷。

(3)太平寰宇記　宋樂史撰。百九十三卷。成於太平興國中，故名。合輿圖所稱，考尋始末，始於東京，迄於四裔，並紀人物、藝文，開後來方域之體。

(4)水道提綱　清齊召南撰。二十八卷。以酈道元水經注，詳於北而略於南，黃宗羲今水注，又知南而不知北，乃作此書。是編首於海，次江、河；次閩、粤、江；而終於西域諸水，以巨川爲綱，以所會衆流爲目，故曰提綱。

第四節　目錄

漢鄭康成有三禮目錄一卷，是爲目錄學之始。漢劉向校書天祿閣，每一書已，條其篇目，撮其指意，以爲別錄。其子歆乃總羣書而爲「七略，」曰輯略，曰六藝略，曰諸子略，曰詩賦略，曰兵書略，曰術數略，曰方技略，自是古籍之分類已定矣。班固作漢書藝文志因之，去其輯略，存其他六略。西晉荀勗著新簿而分四部：甲、六藝小說；乙、諸子等；丙、史記等；丁、詩賦等。東晉李充作四部書目。宋王儉別撰七志：曰經典，曰諸子，曰文翰，曰軍書，曰陰陽，曰藝術，曰圖譜。梁阮孝緒更爲七錄，曰經典，曰記傳，曰子兵，曰文集，曰技術，曰佛法，曰仙道。但均循七略，稍易其目耳。唐玄宗於兩都各聚書四部，以甲、乙、丙、丁爲次，列經、史、子、集、四庫。自是以降，書目多法四庫，而七略之學益衰矣。今以目錄之書最重要者，舉之於左：

(1)唐開元四庫書目　宋王堯臣等奉敕撰。

(2)崇文總目　宋建崇文院，分昭文、集賢、史館，所分藏之祕書，別爲書庫，名曰祕閣。景祐元年，以三館及祕閣所藏，或濫謬不全，王堯臣等奉敕校勘，分類編目，總成六十六卷，名崇文總目。原本於每條之下，具有論說。鄭樵謂其文繁而無用，遂去之。今存者已非完本，但目錄書之傳於今者，以此爲最古。

(3)明永樂大典書目　明成祖永樂元年，敕解縉、姚廣孝等編。以韻字類聚經、史、子、集、天文、地理、陰陽、醫卜、僧、道、技藝之言爲全書，凡二萬二千八百七十七卷，共一萬一千九百九十五册。五年書成，初名文獻大成，後更名永樂大典。後經明清兩朝之兵燹，迭有亡佚。清修四庫全書時，輯出四百九十二種，今存教育部圖書館者，僅六十册而已。其書目尚全。

(4)文淵閣書目　明楊士奇編。永樂間以南京書籍移貯文淵閣，此即其存記之册籍。所載多不著撰者名氏，又有册數而無卷數。凡四卷。

(5)清四庫全書總目　乾隆間四庫全書既成，命館臣撰總目二百卷，以經、史、子、集爲綱，更分類屬，又分著錄、存目二項。每項提舉大凡，撰爲提要。其簡明目錄二十卷。删繁就簡，條舉得失，甚便於學者。

(6)隋書經籍志。

(7)舊唐書經籍志。

(8)唐書藝文志。

(9)通志藝文略。

(10)文獻通考經籍考。

(11)宋史藝文志。

(12)明史經籍志。

(13)直齋書錄解題。　宋陳振孫撰。傳錄夾漈鄭氏、方氏、林氏、吳氏舊書至五萬餘卷。倣讀書志作解題，極見精詳。今本從永樂大典輯出，爲二十二卷。

(14)千頃堂書目　明黄居中藏書於是堂，其子虞稷承其志，著千頃堂書目。明史藝文志本之。所錄皆明一代

·国学概要·
龙门联合书局
一九四七年版

之書，體例最善，凡三十二卷。

第四章　歷代史學

第一節　三代之史學

自黃帝以至三代，咸有史官。諸侯之國，亦各置史官。惟古史與經相爲表裏，故尙書爲記言之史，春秋爲記行之史，易爲卜筮之史，詩序列國政治民風得失之史，禮與樂則爲史氏之制度。故曰：「六經皆史也。」而春秋爲魯史記之名，如晉之乘，楚之檮杌，以及墨子所稱「周之春秋，燕之春秋，宋之春秋，」又稱「百國春秋」者，皆同魯之春秋也。夫春秋記行，以魯爲中心，左氏既爲之傳，而周齊晉宋吳鄭越諸國之議論言語，足以表著當時社會之狀態者，又不可以不述，故分國敍述之，又成國語。劉知幾史通載言篇云：「左氏爲書，不遵古法，然而言事相兼，煩省合理，」故左氏爲史界中不祧之大宗也。又世本一書，不知何人所作，其內容有帝系、世家、傳譜等，而爲史記之藍本。

第二節　秦漢三國之史學

秦焚滅三代之典制，至漢武帝始置太史令，司馬父子成史記一書，繼有班固之前漢書，已如前述。又漢代有起居注，如武帝時有「禁中起居注，」後漢明帝「起居注，」似爲宮中女史之職。

·国学概要·
龙门联合书局
一九四七年版

第三節　兩晉南北朝之史學

馬、班之後，修史者雖多，而如司馬彪之續漢書，華嶠之後漢書，袁宏之後漢紀，孫盛之魏春秋，王隱之蜀記，張勃之吳錄，習鑿齒之漢晉春秋，皆已亡失過半。惟陳壽之三國志，范曄之後漢書，實首稱焉。厥後梁沈約撰宋書，梁蕭子顯撰南齊書，北齊魏收撰後魏書，各有其純疵焉。又有汲冢書者，晉太康六年，汲縣民盜發魏安釐王冢，得穆天子傳六卷，八千五百一十四字，命荀勗、和嶠以隸字書之，時古文已不能盡識，間有缺者，又轉寫益誤，殆不可讀。其體制與起居注相同。同時又有竹簡凡七十篇，敘一篇在其末，所謂汲冢周書，相傳孔子刪書所餘者，殆未必然。文體與古文不類，恐為後人所倣效。

第四節　隋唐五代之史學

唐自太宗命諸臣編纂前史而後，正史乃完備。姚思廉之父嘗撰梁陳書，未成陳亡，思廉繼其業，又採謝炅、顧野王、傅縡等所記，以成梁書。魏徵僅著總論而已。北齊書撰成於李伯藥，其父德林在齊嘗撰紀傳，百藥因父書續成之以獻也。晁公武讀書志謂是書殘闕不完，傳文似多補綴而成，非其本書也。周書雖為令狐德芬等所撰，而周有柳虯、隋有牛洪，各有撰次，惟多牴牾，德芬因之以成書耳。隋書雖為魏徵所撰，而徵特總其事耳。撰述者衆，顏師古、孔穎達先已奉詔修述。如志三十則為長孫無忌所撰，又當時五代史並修，故志亦兼賅五代，以隋書居末，故列於隋書中。合稱隋志，蓋失其真矣。晉書為唐房喬等二十一人分掌修述。西晉四帝，東晉十一帝。又五胡據佔中原為五涼，四燕，三秦二趙夏蜀十六國，以成是書。然於史中以此爲最繁宂，以其取沈約誣誕之說，並有採取世說、㈠語林、㈡搜神記。㈢故或有譏晉書者，謂其「累實行而獎浮華，忽正典而取小說。」誠不免矣。南史與北史，皆爲唐李延壽所撰。壽以宋齊梁陳與後魏齊周諸史，失於繁而作之也。北史起魏晉盡隋，南史起宋盡陳。依史遷體總序八代也。惟後代之史評，則創自唐代劉知幾之史通，政書倡自唐代杜佑之通典。茲分別論述於左：

劉知幾字子元，獨具史家之識見，取前代諸史，序其體法，綴其得失，述其曲直，分內外篇，（見上章第一節）著爲評議，名曰史通。紀昀謂其「深於史學，領史職幾三十年，更歷書局亦最久，其貫穿古今，洞悉利病，實非後人之所及；而性過剛，詞復有激，詆訶太甚，或悍然不顧其安，疑古，惑經諸篇，世所共詬，不待言矣。」雖然，史家宜具有三長：曰才。曰學。曰識。據近人何炳松史通評論，歷舉劉氏之卓見曰：「（一）史書可以無表；（二）天文、藝文，可以不志；（三）篇幅不必命題；（四）文人不宜作史；（五）史評之無謂；（六）敍事尙簡；（七）史書煩省，不必拘泥；（八）立志錄言；（九）另立都邑、氏族、方物三志；（十）史體有二，卽編年，紀傳，不可偏廢；（十一）史貴直書；（十二）作史應用方言。」綜是言之，劉氏雖不免有後人摘其瑕疵，而見人之所不能見，道人之所不能道，已開史學界革命之先聲，而謂非具有三長者，其孰能之。故梁啓越云：「劉氏事理縝密，識力銳敏，其勇於懷疑，勤於綜核，王充以來，一人而已。」乃如四庫全書總目提要史部之史評，歷舉書內所失諸端，如「六家篇譏尙書爲例不純；載言篇譏左氏不遵古法……」而總結又云：「小小疏漏，更所不免，然其條分縷析，如別黑白，一經抉摘，雖馬遷、班固，幾無詞以自解免，亦可云載筆之法家，著書之監史矣。」梁啓超亦云：「中國自有劉知幾、鄭樵、章學誠，然後中國始有史學。至其持論，多有爲後人所不敢苟同者，則時代使然，未可以居今日而輕謗前輩也。」信哉斯言。

·国学概要·
龙门联合书局
一九四七年版

杜佑字君卿，以劉秩之政典三十五卷爲未備，因廣其所闕，參益新禮，勒爲通典二百卷，凡分八門，（見上章第二節）每門又各分子目其自序云「既富而教，故先食貨；行教化在設官，任官在審才，審才則精選舉，故選舉、職官次焉。人才得而治以理，乃興禮樂，故次禮次樂。教化隳則用刑罰，故次兵次刑。設州郡分領，故次州郡而終之以邊防。」所載上溯黃虞，訖於唐之天寶，肅代以後，間有沿革，亦附載註中。而如四庫全書總目提要史部政書所舉通典中之失；如「食貨門之賦稅，載周官貢賦，而太宰所掌九貢之法失載……諸端，又間有名實相舛者。」書目提要又云「其博取五經羣史及漢魏六朝人文集奏疏之有裨得失者，每事以類相從，凡歷代沿革，悉爲記載，詳而不煩，簡而有要，元元本本，皆爲有用之實學，非徒資記問者可比，考唐以前之掌故者，兹編其淵海矣。」宋鄭樵之通志，元馬端臨之文獻通考，悉以是書爲藍本。然鄭多泛雜無歸，馬或詳略失當，均不及是書之精賅，亦史家之創作元著也。

註釋：

㈠世說　世說新語，宋臨川王劉義慶撰，梁劉孝標注。原名世說新書，所記分三十八門，起後漢，迄東晉，皆軼事瑣語，小說家言也。

㈡語林　唐語林八卷，陳振孫書錄解題云「宋王讜正甫以唐小說五十家倣世說分三十五門，又益十七門爲五十二門。」所紀典章故實，嘉言懿行，多與正史相發明，及後譌脫甚多。

㈢搜神記　見本書第四編第九章第一節。

第五節　宋元之史學

宋代史學之人，有歐陽修，司馬光等。其體裁惟在紀傳、編年及紀事本末而已。紀傳體之史，則有唐書及五代史。新唐書係在宋嘉祐中曾公亮奉敕監修。歐陽修撰紀、志，宋祁撰列傳。大旨以事增文省，求勝於石晉時劉昫所撰之舊唐書，因名曰新唐書。議者爲歐陽學春秋，每務褒貶。宋祁通小學，唯刻意文章，多采雜說，往往牴牾，有失實之歎焉。舊五代史爲宋薛居正所監修，歐陽修以其繁猥失實，重加修訂，是爲新五代史。其文章以新史爲優，然止於敍事實，尙闕志類，故不若舊史之詳密也。編年體則有司馬光之資治通鑑，與劉攽、劉恕、范祖禹合纂，歷十九年始成。事實精密，文章莊嚴。後有朱熹之通鑑綱目，雖與通鑑之體裁不同，亦爲世所重。他若李燾之續通鑑長編，李心傳之編年要錄，亦善本也。紀事本末之體例，始於袁樞之通鑑紀事本末。凡一題中，將其原委，悉標識之。故前後明瞭，令人易曉。至於記制度文物之史，則宋有鄭樵廣杜氏通典，以作通志，元有馬端臨之文獻通考。上節既論述史通與通典，茲以通志與通考，略分述之於左：

鄭樵，字漁仲，宋人。取通典爲藍本，撰通志二百卷。其精力之集中，則在二十略。（見上一章第二節）四庫全書總目提要「史部」「別史類」謂『其氏族、六書、七音、都邑、草木昆蟲五略，爲舊史之所無。按史通書志篇云：「可以爲志者，其道有三：一曰都邑志，二曰氏族志，三曰方物志。」樵增是三略，蓋竊據是文。至於六書、七音，乃小學之支流，非史家之本義。矜奇炫博，泛濫及之，此於例爲無所取矣。其餘十五略，雖皆舊史所有，然謚與器服，乃禮之支目，校讎、圖譜、金石，乃藝文之子目，析爲別類，不亦冗且碎乎？且氏族略多掛漏，六書略多穿鑿……蓋宋人以義理相高，於考證之學，罕能留意。樵恃其該洽，睥睨一世，諒無人起而難之，故高視曠步，不復詳檢，遂不能一一精密，致後人多所譏彈也。』竊謂紀昀爲是言，按於史例、史學宜也。故章學誠云：「鄭樵有史識而未有史學，曾鞏具史學而不具史法，劉知幾得史法而不得史意。」而鄭氏於史又別有見地，多與劉知幾不合。如劉不贊成通史，而鄭則謂「善學司馬遷者，莫如班彪，彪續遷書，自孝武至於後漢，欲令人之續己，如己之續遷，既無衍文，又無絕緒」此鄭異於劉之所見一也。又斷代爲史，始於班固，劉氏固重之曰：「包舉一代，撰成一書，言皆精鍊，事甚賅密，故學者尋討，易爲其功。」而鄭氏反之曰：「班固爲班彪之子，不能傳其業。斷代爲史，無復相因之格，會通之道，自此失矣。」此鄭異於劉者二也。史中有表，劉不謂然，曰：「以表爲文，用述時事，施彼譜諜，容或可取，載諸史傳，未見其宜。」鄭則謂「圖至約也，書至博也。卽圖而求易，卽書而求難。」此異其所見者三也。而章學誠則贊美鄭氏曰：「鄭氏通志，卓識名理，獨見別裁，古人不能任其先聲，後代不能出其規範，雖事實無殊舊錄，而諸子之意寓於史裁。」雖然，鄭氏之採摭既已浩博，言論亦多警闢，其自謂「總天下之大學術而條其綱目，名之曰略，凡二十略，百代之憲章，學者之能事，盡於此矣。其五略，漢唐諸儒所得而聞，其十五略，漢唐諸儒所不得而聞，」是則非游談無根者可及，至今資爲考鏡焉。

馬端臨字貴與，本宋人，入元，撰文獻通考三百四十八卷，分二十四考。（見上一章第二節）所謂文獻者，其自序謂「引古經史謂之文，參以唐宋以來諸臣之奏疏，諸儒之議論，謂之獻。」其書亦以杜佑通典爲藍本，而以門類多，卷繁帙重，往往取彼失此。然四庫全書總目提要謂「其條分縷析，使稽古者可以案類而考，又其所載宋制最詳，多宋史各志所未備，案語亦多能貫穿古今，折衷至當，雖稍遜通典之簡嚴，而詳贍過之，非鄭樵通志所及也。」

第六節　明淸之史學

編年體之史，有薛應旂之宋元通鑑，雖續資治通鑑，然事實嫌冗矣。紀事本末體之史，有陳邦瞻之宋史紀事本末，及元史紀事本末，其取舍尙得要領。淸張廷玉據王鴻緒之明史稿撰明史，其依類附書，具見才、學、識三者兼而有之。徐學乾有資治通鑑後編。畢沅有續資治通鑑，較徐之書爲精審。其他以史學名者，有趙翼之二十二史劄記，王鳴

·国学概要·
龙门联合书局
一九四七年版

盛之十七史商榷，魏源之聖武記，則紀事本末體也。蔣良驥之東華錄，則別史也。王先謙以東華錄簡略，重為修輯，且續至同治朝，是謂十一朝東華錄。傳記體有李元度之國朝先正事略。其成為一代之史評，如唐有劉知幾之史通者，則清有章學誠之文史通義。茲略述之：

章學誠，字實齋，著文史通義，凡內篇五卷，外篇三卷。內篇辨訂經史文義，外篇研討州志序例。獨倡新義，皆極精核。其評文也茲不述，其評史也如其自謂「鄭樵有史識而未有史學，曾鞏有史學而未具史法，劉知幾得史法而不得史意，此予文史通義所為作也。」又云「人乃擬吾於劉知幾，不知劉言史法，吾言史意，劉議館局纂修，吾議一家著述。」其子華紱序云「文史通義一書，其中倡言立議，多前人所未發，大抵推原官禮，而有得於向歆父子之傳，故於古今學術淵源，輒能條別而得其宗旨。」綜是觀之，其不屑為劉知幾也明矣。如通古為史，劉氏輕視之，鄭樵則重之；章氏亦謂「通史之修，其便有六：一曰免重複，二曰均類例，三曰便銓配，四曰平是非，五曰去牴牾，六曰詳鄰事。其長有二：一曰具剪裁，二曰立家法。」劉氏不以藝文立志為然，章氏則反對之曰：「校讎之義，將以辨章學術，考鏡源流，非深明於道術精微，羣言得失之故者，不足與此。……班志乃千古著錄之淵源，……有關於明道之要。」其同於劉氏者，劉氏重視斷代為史，鄭樵則輕之。而章氏則謂「遷書一變而為班氏之斷代，遷書通變化，而班氏守繩墨，以示包括也。後世失班史之意，而以紀傳表志同於科舉之程式，官府之簿書，則於記注撰述，兩無所取。」然則章氏所謂「拙著文史通義中間，議論開闢，實有不得已而發揮，為千古史學闢其榛蕪」者，固別有所見也。且章氏生當漢學興盛時代，其於經也，反對考據；其於文也，反對唐宋；而於史也，則目擊漢學家之治史，不出前人之窠臼，故其所言，良有以耳。善夫梁啓超有言曰：「自有左丘、司馬遷、班固、荀悅、杜佑、司馬光、袁樞諸人，然後中國始有史；自有劉知幾、

·国学概要·
龙门联合书局
一九四七年版

鄭樵、章學誠，然後中國始有史學。至其持論，多有不為吾儕苟同者，則時代使然，環境使然，未可以居今日而輕謗前輩也。」

附註　近人多以三大史學家——劉知幾、鄭樵、章學誠——或加入杜佑，相提幷論其同異者，因幷及之。掛一漏萬，知不免焉。

第三編　哲學

第一章　概述

中國古籍，本無「哲學」一名詞。有之，譯自希臘語 Philosophy。夫所謂「哲學」者，西洋人釋義，各立一說，而如近人胡適謂「凡研究人生切要的問題，從根本上着想，要尋一個根本的解決，這種學問就叫『哲學』。」斯語爲得之。蓋「哲學」者原理之學也。天下萬事萬物，莫不有理。而求理之當然，以保存人類之生命與滿足生理之需要，以政治、社會、人生爲背景，而產生一種學說，是爲哲學。中國哲學，淵源已古，如伏羲之八卦、堯舜十六字㊀之心傳、箕子之洪範、文王周公之演易，何一莫非哲學也。卽大學之格物、致知，亦哲理之精粹者，特皆形上之學也。而西洋且用之於科學。故科學設莫有哲學，以求其眞理，推其原則，則物質無由文明，此又哲學與科學之息息相關，爲能研究宇宙和人生之萬有原理、原則也。中國哲學，爲形上之學，斯爲古文明國之精神，而應人生之需要，切時代之趨勢，則與西洋哲學，初無二致。在中國有哲學系統之可言者，於周秦則曰諸子，於漢唐則曰釋、道，於兩晉則曰玄學，於宋元則曰理學，皆原理之學，有切於時代與人生者，故統以哲學名之。玆分章述之。

第二章　周秦諸子之哲學

·国学概要·
龙门联合书局
一九四七年版

諸子學之由來　古者學在官守，私家無著述，夫以孔子之學，豈有不作者乎？而曰：「述而不作，」可以證之。及周室既東，天子失官，於是周室徵藏史所守之書，散至民間，當時人得讀其所未見之書，各出其才分之所得，思想之所及，以謀解決政治、社會、人生之問題，著成學說，此其由來一也。周衰，學校不修，孔子先破除教育之階級，曰：「有教無類，」於是孔墨皆以設教爲事，教育之權，移於私家，向者整齊嚴肅之思想界，遂一變而爲自由發展之思想界，此二也。周衰，社會經濟組織，根本動搖，人民生活，大受苦痛，加之列國戰爭，政治紛擾，横征暴歛，一時思想界遂起而謀人生問題，社會問題之解決，此種思想，互相激蕩，思想界遂大活動，此三也。周制，移徙居住，苦不自由，及衰，其制遂弛。春秋戰國之士，聘享往來，思想於以互達，此四也。綜此四因，可知古今中外一學說之興起，無不以時代爲背景，故淮南子要略謂「諸子之學，所以救時弊也。」夫「子」者，尊稱也。周制，肄業者必入官，故弟子稱師曰「子，」曰「夫子」迨私家之學興，稱師曰子益衆，後世且稱友亦曰子。

九流與十家　班固漢書藝文志諸子略載有十流：曰，儒家者流；曰，道家者流；曰陰陽家者流；曰，法家者流；曰，名家者流；曰，墨家者流；曰，縱横家者流；曰，雜家者流；曰，農家者流；曰，小說家者流。按司馬談敍六家要旨，只敍六家；曰道家；曰，儒家；曰，法家；曰，名家；曰，墨家；曰，陰陽家。劉歆七略，又增四家，即農家，縱横家，雜家，小說家，班志因之。惟小說家者流，出於稗官，街談巷語，道聽塗說之所造，君子或無取焉，故班志云：「諸子十家，其可觀者九家而已。」後人遂有「九流」與「十家」之稱，即「九流」而加入小說家，斯曰「十家」，而所謂「家」者，古者學在官守，民間除六藝，別無他書，及周衰，官失其守，在官之學，散入民間，或有其學傳至子孫，或聚徒講授，所以曰「家。」所謂「流者，」派也。九流者，九派也。章太炎曰：「流字，古書上不見。家字在孟子已有「法家拂士，」荀子有「小家珍說，」莊子「有大方之家。」一大概戰國時曰「家，」漢代曰「流。」故七略與班志曰：「某家者流。」

諸子出於王官　古者學在官守，七略與班志云：「儒家者流，出於司徒之官；道家者流，出於史官；陰陽家者流，出於羲和之官；法家者流，出於理官；名家者流，出於禮官；墨家者流，出於淸廟之官；縱橫家者流，出於行人之官；雜家者流出於議官；農家者流，出於農稷之官；小說者流，出於稗官。」近人胡適著有諸子不出於王官論，而章太炎有論諸子的大概一文，謂胡「固然有些想像，也有幾個有確實憑據，」舉出老子與墨子，一出於史官，一出於淸廟之守以爲例，而於其他幷無確證，抑不可考歟？至胡適之說，反對因襲，其立場於新文化，故爲是說。要知出於某官者，特謂其發源之所自，而後發揚光大，終成一家之言，正不必數典忘祖，入主出奴。況劉歆親校祕書，諒有師承，豈妄加臆度乎？

古籍於諸子八氏之分列　荀子非十二子篇分（1）它囂、魏牟，（2）陳仲、史鰌；（3）墨翟、宋鈃；（4）愼到、田駢；（5）惠施、鄧析；（6）子思、孟軻。按（1）稱爲道家，（2）無可考，（3）墨爲墨家，宋爲小說家，（4）法家，（5）名家。　莊子天下篇分（1）墨翟、禽滑釐（墨家）（2）宋鈃、尹文，（3）彭蒙、田駢、愼到，（法家）（4）關尹、老聃，（道家）（5）莊周（道家）（6）惠施。（名家）按宋鈃後世列爲小說家，尹文列爲名家，而莊子幷論者，蓋宋主禁攻寢攻，近於墨之非攻，尹文言名，亦本於墨，故莊子次於墨家之後。　史記（1）陰陽家，（2）儒家，（3）墨家，（4）名家，（5）法家，（6）道德。按司馬談居孝文之世，當時崇尙黃老，故論道德家有長而無短，極推崇之。至史家出於天官，故又以陰陽家居首，此其異於七略與班志也。　淮南子要略（1）太公，（2）孔子，（3）墨子，（4）管仲，（5）晏嬰，（6）縱橫，（7）申不害，（8）商鞅。按（1）道家，（5）儒家，（4）法家，而淮南子本人則雜家。夫天下篇與班志言諸子之源流也，非十二子與論六家要旨，則指陳是非也。淮南一書，則究其學說之所由起也。

先秦之學派：

先秦學派

- （一）北派
  - （甲）鄒魯派（北派正宗）孔子、孟子、荀子及其他儒徒。
  - （乙）齊　派（北東派）管子、鄒衍及其他同派。
  - （丙）秦晉派（北西派）申不害、商鞅、韓非、李悝。
  - （丁）宋鄭派（北南派）墨翟、宋牼及其他墨徒。鄧析、惠施及其同派。
- （二）南派
  - （南派正宗）老子、莊子、列子、楊朱及其他老徒。
  - （南派文流）許行。

我中國有黃河、揚子江兩流域，其位置性質各殊。北地苦寒磽瘠，謀生不易，其民族消磨精神日深，以奔走衣食，猶恐不給，無餘裕以治玄妙之哲理。故其學說思想，常務實際，切人事，貴力行，重經驗，而修身、齊家、治國之道術最發達焉。惟然，故重家族，以族長制度爲政治之本，敬長老，遵先祖，隨而崇古之念重，保守之情深，排外之力強，則古昔，稱先王，內其國，外夷狄，重禮文，繫親愛，守法律，畏天命，此北學之精神也。南地則反是。其氣候和，其土地饒，其謀生易，其民族不必惟一身一家之飽煖是憂，故常達觀於世界之外，初而輕世，既而玩世，終而厭世，不屑屑於實際，故不重禮法，不拘拘於經驗，且不崇先王。又其進步較緩，中原之人，常鄙夷之，故對於北方學派，有吐棄之意，破壞之心。探玄理，出世界，齊物我，平階級，輕私愛，厭禮文，明自然，順天性，此南學之精神也。故周秦學術，則北盛於南，此亦地理之助乎？

·国学概要·
龙门联合书局
一九四七年版

周秦學派之又一說　春秋戰國之際學者各倡一說，以訴於世，約可分爲（1）鄒魯派，標榜仁義，以孔孟爲其中心。（2）陳宋派，鼓吹虛無，以老莊爲其中心。（3）鄭衞派，倡道法術，以申不害、商鞅、愼到、韓非等爲其中心。（4）燕齊派，務爲空疏迂闊之談，以騶衍、騶奭、淳于髡、田駢、接子等爲其中心。而墨翟、宋牼、許行、陳相、陳辛，則其支派也。

春秋之儒、道、墨三大學派　春秋學派，以儒、道、墨三家爲最大。至戰國而有名、法、陰陽。其縱橫、農、雜尤爲晚出，說多卑淺，或漫羨無歸，不足成一家言。故司馬談僅論陰陽、儒、墨、名、法、道六家也。茲述梁啓超所說孔、老、墨三大宗派之精神：「北派之魁，厥爲孔子；南派之魁，厥爲老子。孔學之見排於南，亦猶老學之見擯於北，皆由學派之不同故也。北方多憂世勤勞之士，孔席不煖，墨突不黔，栖栖者終其身焉。南方則多棄世高蹈之徒，接輿、輿丈人、沮、溺，皆汲老莊之流者，蓋民族之異而使之然也。夫孔、老分雄於南北，而起於其間者，有墨子焉。墨亦北派也。類北而稍近於南。墨生於宋，宋、南北之要衝也。故其學於南北各有所採，而自成一家。其務實際，貴力行，原本於北派之精神，而刻苦也過之。但多言天與鬼，創造論法，漸闡哲理，力主兼愛，首倡平等，蓋亦被南學之影響焉。」今爲三大宗派表，示其學派勢力之所及如左：

小康一派
- 春秋「據亂世」「升平世」之義，以法治國，以禮率民，故法家言亦頗出於此。其傳者爲荀卿，而李克、李悝等之治術，亦多本此。李斯受其道以相秦，秦制多本焉。漢初賈誼、鼂錯皆汲其流，此派之傳最永。

·国学概要·
龙门联合书局
一九四七年版

三宗
- 孔學
  - 大同一派
    - 春秋「太平世」之義，傳諸子游，而孟子大昌明之。荀子非十二子篇攻子思孟子云：「以爲仲尼子游爲茲厚於後世。」可見子思孟子之學，實由子游以受於孔子也。此派爲荀卿所奪，至秦而絕。
  - 天人相與一派
    - 此派亦春秋之學，而其源出於易與洪範，蓋九流所謂陰陽家者，此派之流裔也。而齊派即北東派，多由此出。至漢代而極盛，董子及其餘今文家言，皆其子孫也。
  - 心性一派
    - 世子碩漆雕子等傳之，孟子荀子告子各明一義，閱千餘年後，衍爲宋明學。
  - 考證一派
    - 孔子祖述憲章，徵夏禮殷禮於杞宋。讀易韋編三絕，蓋於考證古書三致意焉。此派之重經驗，崇前古，勢則然也。此派亦荀卿受之。漢興六經皆荀卿所傳，衍爲東漢、初唐注疏之學，其末流盛於前清乾嘉之間。
  - 記纂一派
    - 孔子因魯史記作春秋，左邱明爲之傳。蓋此派重先制。太史公以紹述孔學自命，其作史記，即受孔子此派之教也。

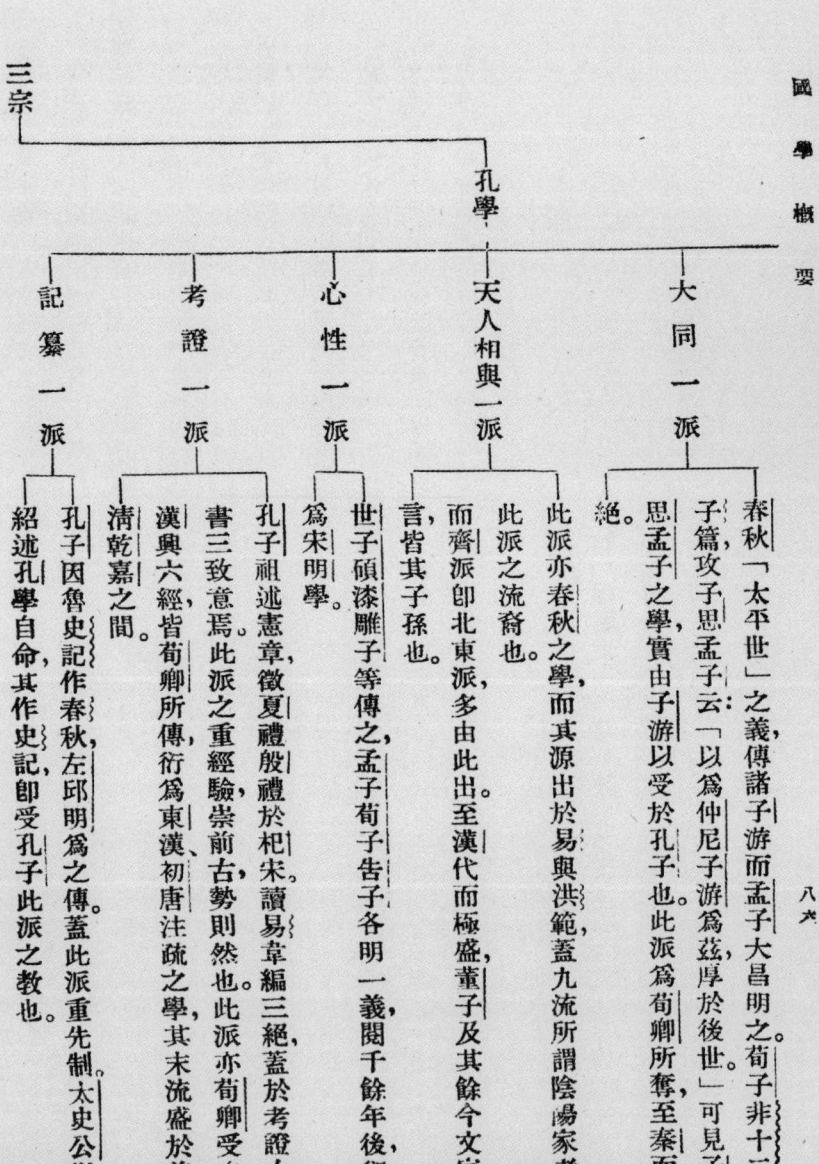

- 老學
  - 哲理一派——此道德家言之正宗。莊列傳之。大盛於魏晉間。
  - 厭世一派
    - 凡游心空理者必厭世。楚狂沮溺之徒，皆汲老學之流也。後世逸
    - 民傳中人皆屬此。
  - 權謀一派
    - 老學最毒天下者，此派之言也。「將以愚民，非以明民；將欲取之，必先與之。」此爲老學入世之本。故縱橫家言實出於是。而法家末流亦利用此術。韓非子有解老等篇，史公以老韓合傳，最得眞
    - 相。此派極盛於戰國之末。
  - 縱橫一派——楊朱傳之，數千年來，日盛一日。
  - 神祕一派
    - 後世神仙方術家言，盛於秦漢。復爲符籙、丹鼎之學，盛於漢三國
    - 六朝。
- 墨學
  - 兼愛一派
    - 此墨學之正宗。禽滑釐等爲「鉅子」。宋牼、尹文以禁攻寢兵爲
    - 務，皆此學之盛也。戰國之末，祖述之者尤多。
  - 游俠一派
    - 凡兼愛者必惡公敵，除害馬，乃所以愛馬。故墨學衍爲游俠之風。
    - 楚攻宋，墨子之徒，赴其難而死者七十二人。殉其主義也。自戰國
    - 以至漢初，此派極盛。朱家、郭解之流，乃墨徒也。

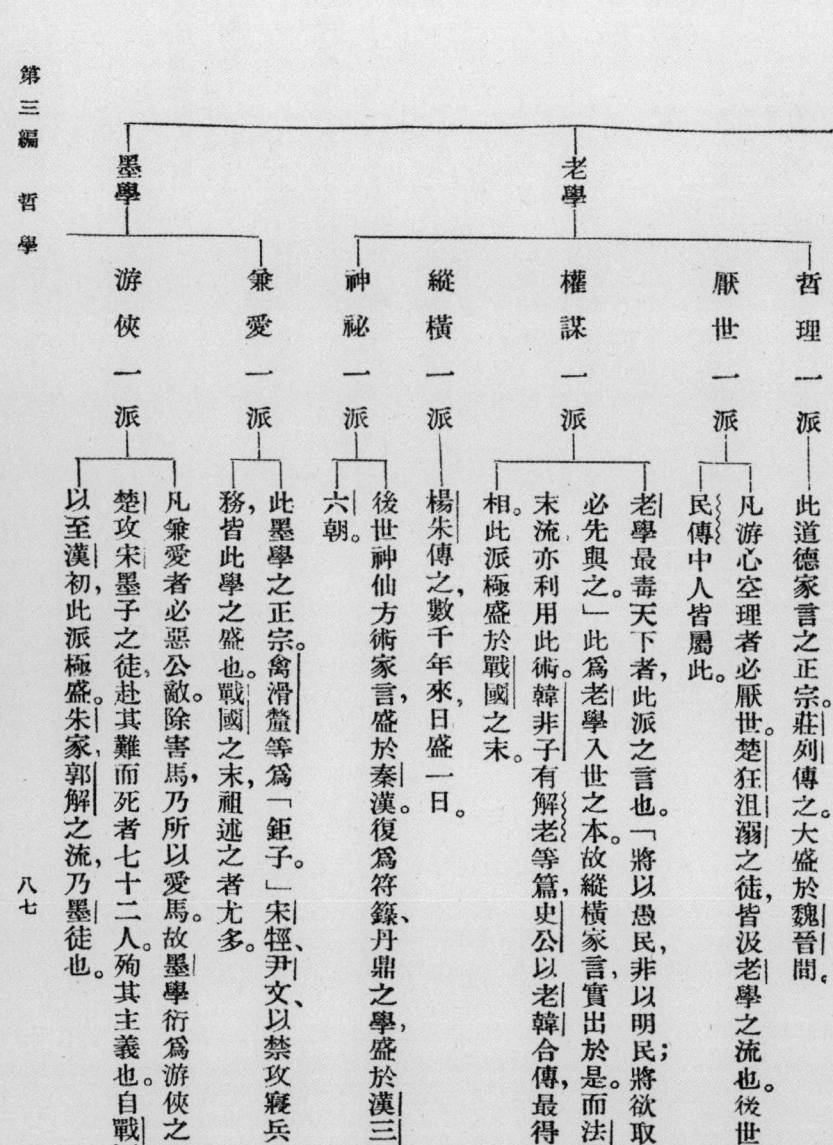

名理一派——墨子經說上下大取小取等篇，多名家言。莊子天下篇，言南方之墨者，以「堅白同異」之論相訾，以「觭偶不仵」之言相應。

九流最著之人氏

儒家——孔子、孟子、荀子。
道家——老子、莊子、楊朱、列禦寇。
墨家——墨子、禽滑釐。
法家——管子、商鞅、申不害、韓非子、愼到。
名家——鄧析、尹文、公孫龍、惠施。
陰陽家——鄒衍、鄒奭。
縱橫家——鬼谷子、蘇秦、張儀。
農家——許行。
雜家——尸子、呂不韋。

註釋

㈠十六字之心傳　「人心惟危，道心惟微，惟精惟一，允執厥中」，此堯舜之心傳也。

第一節　儒家

·国学概要·
龙门联合书局
一九四七年版

周禮太宰言：「儒以道得民，」是儒之名本出於周公之籍也。劉歆七略謂：「儒家者流，出於司徒之官。」而司徒掌教化。故孔子修文武之道，述周公之訓，以教授生徒，而儒者之學生焉。夫周公制禮，孔子、魯人，周公封於魯，則孔子宗仰周公，故曰「吾從周」；曰「甚矣吾衰也，久不復夢見周公」。「其雅言也，詩，書，執禮」，可知儒家隆禮，而尊六經也。且司徒掌教化，所謂「三物化民，」即六德、㈠六行、㈡六藝之三物。故孔子博學多能，而教人以忠恕爲本。雖然，周末文勝，孔子亦思窮原返本，革末世之弊，故一則曰，「與其奢也寧儉。」再則曰，「喪禮，與其哀不足而禮有餘，不若禮不足而哀有餘。祭禮，與其敬不足而禮有餘，不若禮不足而敬有餘。」是則孔子警世人求禮之本，而非可馳鶩於繁文縟節矣。其道不行，退而刪詩書，訂禮樂，修春秋，曰：「吾自衛反魯，然後樂正」。孔子以六藝設教，身通六藝者七十二人，故鄭康成「師、諸侯師氏，有德行以教民者；儒，諸侯保氏，有六藝以教民者」。是則所謂「三物化民」孔子爲儒者之師也。而司馬談曰：「儒者以六藝爲法，六藝經傳以千萬數，累世不能通其學，當年不能究其禮，博而寡要，勞而少功。」荀子非十二子『子思孟軻亦在其列；「或云子張氏之賤儒，子游氏之賤儒，子夏氏之賤儒。』又韓非子顯學篇云：「孔墨之後，儒分爲八，墨離爲三，取舍相反不同，而皆自爲眞孔墨。孔墨不可復生，誰使定世之學乎」？即老子生於孔子之前，而已云：「絕聖棄智，民利百倍；絕仁棄義，民復孝慈。」是則儒家爲時人及後世所詬病，殆以立說者之學說、思想與信仰之不同；孔子後之弟子，或儒家之取舍有殊；而爲世所病。但非孔子之言仁、忠恕、與孝、悌之失。故班氏說儒家謂「辟家隨時抑揚，違離道本，苟以譁衆取寵，」是則儒之末流，湛心榮利，已較然可知矣。

（一）孔子　孔子名丘，字仲尼，魯人。生於周靈王二十一年，歿於敬王四十一年，年七十有三。少喪父，母教養之。

·国学概要·
龙门联合书局
一九四七年版

嘗任委吏(3)而料量平，為乘田(4)而牛羊遂。為司寇七日，而魯大治。周遊列國，十有三年，不得行其道，乃自衞反魯，刪詩書，訂禮樂，贊周易，修春秋，立萬世哲學、政治學、文學之準的。而博文約禮，循循善誘，弟子著籍者三千人，身通六藝者七十有二人，又為一大教育家。其學說言行，具詳論語羣經中，茲不贅。

(二)孟子　孟子名軻，字子輿，鄒人。「受業子思之門人。道既通，游事齊宣王，宣王不能用，適梁。梁惠王不果所言，則見以為迂遠而闊於事情。退而與萬章之徒序詩書，述唐虞三代之德，仲尼之意，作孟子七篇。」其學則仁與義并重，道性善，法先王，輕功利，尊王賤霸，重民權，俱見孟子七篇。

(三)荀子　荀子名况，字卿，曾遊齊秦趙諸國，最後至楚，春申君任為蘭陵令，遂家蘭陵以終。其生卒年壽，考者紛紜，迄無定論。其學說思想，於諸子為最後，而綜貫諸經，折衷百氏，雖與孟子為儒家兩大師，而為儒者之硬性派，又為改進派，可於其書中之天論、性惡、解蔽、正名諸篇見之。自來儒、道、墨諸家，皆以天有意志，能禍福人之人格神，故儒者尊天，道家任天，墨者信天，各以天為能宰制人生之一切。而荀子生當戰國，政治紛擾，人道澆漓，其下焉者反安命任天，絕無改進之心，以見天道之觀念流弊已深，乃主張(一)「天與人分職」(二)「人能參天」(三)「人能制天」，有似西洋之戡天主義。其學識之卓偉，洵孔孟所不及，要亦與時代為推進也。而其最大特色，則在性惡論。性惡論之主旨，不認人類為天賦知能所支配，而極尊重後起之人為，故曰：「人之性惡，其善者偽也。」偽字从人从為，即人為主義。孟子言性善，意在保其先天之善；荀子言性惡，意在去其後天之惡。故曰：「生而有好利焉，有耳目之欲焉。」孟子意在誘人而使之易從，故主張發展情意之生活；荀子意在戒人而促之嚮學，故主張約束性情之生活。其言化性而起偽，必將有「師法之化，禮義之教」，即此之謂也。兩家之說雖殊，而其教育之目的，欲同歸於善，則一也。至如解蔽正名二篇，一爲心理學，一爲名學，舉凡一切虛無之心理，詭辯之名學，悉摧毀之，精深肅括，條理綿密，其旨高矣。而勸學篇之教育，尤重在(一)「積學與專一，」此學之方法。(二)「始於誦經，終於讀禮，」此學之程序。(三)「始爲士，終爲成人，」此學之造詣。其運用「讀禮」之功用於政治方面，則主張以禮治，故有禮論。夫「禮，時爲大。」故主張法後王，而不貴復古。此荀子言教育言政治，皆以禮爲中心，而其立說之出發點，則以「人爲」爲要旨，此稍異於孔孟者也。

註釋：

㈠六行　周禮六行謂孝、友、睦、婣、任、恤。

㈡六德　周禮六德謂知、仁、聖、義、忠、和。

㈢委吏　主委積之官，猶今收掌糧食之官。

㈣乘田　春秋時，魯之小吏，掌牛羊芻牧之事者。

第二節　道家

道家出於史官，史官肇自黃帝，則道德之言始於黃帝矣。史記述大戴禮五帝德曰：「黃帝順天地之紀，幽明之占，死生之說，存亡之難，時播百穀草木，淳化鳥獸虫蛾，旁羅日、月、水、波、土、石、金、玉。」則道家知存、亡、成、敗、禍、福之事，悉在人謀；故怵於利害，膽爲之怯，事事以卑弱自持。所謂「無爲權首，將受其咎；人皆先取，己獨取後」以表見膽怯之徵。惟天下人惟膽怯者權術亦多，蓋力不能取而以智取，固勢之然也。自「黃帝習用干戈，以征不享，」「製爲弧矢，以威天下，」史氏傳其學。及周衰，史失其職，伊尹、太公懼官守之不修，道術之將裂，乃以著書特聞，是爲道家著錄之始。史氏載「西伯脱羑里歸，與呂尙陰謀，修德以傾商政，其事多兵謀與奇計；故後世之言兵，及周之陰謀，皆宗太公爲本謀」是則伊尹太公以甲兵宰制天下，爲得自道家之權謀也。老子云：「道法自然，」太史論老莊諸子以爲歸於自然。章太炎曰：『自然者，道家之第一義諦，由其博覽史事，而知生存競爭，自然進化，故一切以放任爲主。雖然，亦知放任之不可久，又不敢以權首自居；是故去力任智，以詐取人，故曰「善爲道者非以明民，將以愚之。」弱之勝強，柔之勝剛，天下莫不知，老氏學術，盡於此矣。』老子掌史職最晚，而鑒物最精，測心甚微，而見道亦微。知道術足以用世，亦足以禍世，於是西出函谷，著書上下篇五千言，論道德之意。史記本傳云：「李耳無爲自化，淸靜自正，」可以賅其書。而所謂淸靜者，殆欲以靜制動，以柔克剛，此亦權術之遺意也。莊子天下篇歷敍諸家，已與關尹、老聃裂分爲二。其裂分爲二者，章太炎謂「莊子不欲以老子之權術自汚也。而褒之以至極，尊之以博大眞人者，莊子欲以其自然之說爲己所取也。」至若戒輕躁，戒多慾，戒上人，戒窮兵，戒酷刑，戒多言，而主於「謙下不競，仁慈朴儉，」非但鍼砭時人之病，且爲後世天下法。若夫秦漢以後，一切神仙、黃白、符籙、齋醮、諸說，託爲道教，奉老子爲祖，此則荒謬不倫矣。

（一）老子　老子，姓李，名耳，字聃。楚苦縣厲鄉曲仁里人。生卒年月，辯者紛如，約生於周靈王初年，死年不可考。曾爲周守藏史。周衰，入關將隱，關令尹喜彊爲著書，曰道德經，上下篇，五千餘言。其學說之概要見前，不復贅述。

（二）莊子　莊子，姓莊，名周，宋之蒙人，曾爲蒙之漆園吏。約生於周烈王至周赧王之間。著書十餘萬言，或有其弟子所作，或有後人僞託。大抵多寓言。班志，莊子五十二篇，分內篇七，外篇十五，雜篇十一。夫老子主淸靜，主無爲。莊子生當春秋戰國之際，征伐頻仍，民生疾苦，而思想又駁雜紛邪，儒墨各是其是，各非其非，公孫龍、惠施之詭辯，尤如五音令人耳聾，莊子乃以悠邈之說，無涯之辭，發揮其高瞻遠矚，綜百家之說，而認定一切虛無，其根本之思想，比較

·国学概要·
龙门联合书局
一九四七年版

老子爲尤激烈者矣。故其言曰：「獨與天地精神往來，而不敖倪於物；不譴是非，以與世俗處；上與造物者遊，而下與外死生無終始者爲友。」其修養恬靜，雖謂之出世觀可也。準是虛無主義，其於政治則主張無治，不干涉，換言之，爲無政府主義。馬蹄篇曰：「馬蹄可以踐霜雪，毛可以禦風寒，齕草飲水，翹足而陸，此馬之眞性也。雖有義臺路寢，無所用之。及至伯樂，「我善治馬，燒之，剔之，刻之，雒之，連之以羈馽，編之以阜棧，馬之死者十二三矣……」此亦治天下之過也。」又胠篋篇曰：「擿玉毀珠，小盜不起，焚符破璽，而民樸鄙；掊斗折衡，而民不爭。」又曰：「聖人不死，大盜不止。」「掊擊聖人，縱舍盜賊，而天下治矣。」是莊子之政治哲學，極端解放者也。然則莊子理想中之政治若何？則又曰：「上古民結繩而用之，甘其食，美其服，樂其俗，安其居，鄰國相望，雞狗之聲相聞，民至老死不相往來。若此之時，則至治已。」此殆莊子偏激之思想，而萬世不可見也。總之，一代之思想學說，即以其時代、政治爲背景。不善學者，拾其塵垢粃糠，且害於世，逍遙物外，障礙進步。依莊子之人生與政治觀念，上焉者造成樂天知命，聽其自然之廢物，下焉者流爲阿諛依違，苟且取合之卑恥。晉代清談之風，清流之士，誤於其說，以致天下不可爲矣。雖然，若逍遙遊、齊物論、秋水篇等，止儒墨之詬爭，息「堅白」之詭辯，其玄思妙想，已萌芽近世之名學與自然科學，思力敏銳，學術通博，固不可以荒唐之詞忽之。

（三）楊子　楊朱約生於周烈王十二年前後。其學說散見諸子書，如孟子、莊子、及列子楊朱篇。但列子楊朱篇最不可信，疑係從莊子盜跖篇推演而成。列子書出於晉代，或係晉人所作。孟子評楊朱曰：「楊子取爲我，拔一毛而利天下不爲也。」又斥之曰：「楊子爲我，是無君也。」此殆因楊子有「悉天下奉一身不取也。」一語而發歟？莊子稱其書受教老子。列子中有楊朱「名實論」曰：「實無名，名無實，名者，僞而已矣。」此與老子之「無名」相似而尤徹透。

四）列子　列子名圄寇，班志道家著錄八篇，注謂「先莊子，莊子稱之。」原書佚，今本八篇，考訂爲魏晉人作。而楊朱之學說，賴以流傳。其中周穆王湯問諸篇，爲後世神怪小說之祖。列子在莊子時稱其爲有道者，呂不韋謂「列子貴虛」，蓋其學說，宗老子虛靜無爲，以求合於道也。

第三節　墨家

墨家出於墨子，以其學說號召天下，故世卽以其姓爲學之名。或疑墨者非姓氏之稱，乃學術之稱，以墨之義爲黑，象墨家面首黎黑之義。此殆附會之辭歟？墨子之學，本出於禹，莊子天下篇云：「墨子稱道禹後世之墨者，多用裘褐爲衣，跂蹻爲服，日夜不休，以自苦爲極，曰：不能如此，非禹之道也，不足爲墨。」淮南子要略篇云「墨子學儒者之業，受孔子之術，以爲其禮煩擾而不說，厚葬靡財而貧民，久服傷生而害事，故背周道而用夏政」，由是言之，墨學出於夏禹可無疑義。又儀禮有夏祝、商祝，則太祝之官始於夏。太祝主禱祠鬼神，墨子法之，故有明鬼篇。孔子謂「禹菲飲食而致孝乎鬼神，惡衣服而致美乎黻冕，卑宮室而盡力乎溝洫」，墨子法之，故有節用篇。尸子言「禹之治水，爲喪法曰「毁必杖，喪必三年，是則水不救也。故死於陵者葬於陵，死於澤者葬於澤，桐棺三寸，制喪三日」，墨子法之，故有節葬篇。由是以觀，墨法於禹明矣。然亦周末文勝，服用奢侈，墨子欲救時艱，故有尙賢、尙同、節用、節葬、非樂、非命、明鬼、兼愛、非攻諸篇，皆針對時代而思有以匡救之也。尤以兼愛非攻爲其主義之信仰，學說之中心也。而如章太炎謂爲宗教者，以墨家出於「淸廟之守」，疑卽呂覽言墨子學於史角㈠之後，汪中因據其說，謂墨學本於巫史。故有

·国学概要·
龙门联合书局
一九四七年版

明鬼三篇，而論道必歸於天志，此乃所謂宗教家其流有「鉅子」之稱，猶基督之耶蘇。而不知所謂天志者，卽兼愛，非攻，尙同，天所欲之志也。惟墨子以實用力行爲主義，故孟子謂之曰「摩頂放踵，利天下而爲之，」其學說流爲戰國之游俠。但孟子斥其兼愛爲無父，此未探源之說。至其大取，小取，經上，經下，辨論名物，又爲名家所宗。公孫龍惠施其流派歟？而若公輸篇言攻守之機變，備城門篇詳用兵之方法，後世城壘之守咸用之。吁！墨子救世之心亦多術已！其弟子分爲三派，韓非子顯學篇云：『有相里氏之墨，有相夫氏之墨，有鄧陵氏之墨。』莊子天下篇云『相里勤之弟子，五侯之徒，南方之墨者，苦獲，已齒，鄧陵氏之屬，倶誦墨經，而倍譎不同，相謂「別墨，」以「堅白同異」之辯相訾，以觭偶不仵之辭相應，以鉅子爲聖人，皆願爲之尸，冀得爲其後世，至今不決。』此則墨學傳授之大略也。

（一）墨子名翟，爲宋大夫，在孔子後，約生於周定王初年，卒於周安王中葉。漢志墨子七十一篇，今存五十三篇。其學說見上，茲不復贅。

以上儒、道、墨三家之哲學，已略述其概。茲將近人於三家學說思想之異點，採錄於左，以供參證：

李石岑謂「老子專重藝術；孔子注重功利，兼重藝術；墨子專重功利。又老子是人物一體的宇宙觀；孔子是人貴物賤的倫理觀；墨子是人物各別的宗教觀。又老子以「天」無意志的，而主「復命」；孔子以「天」的意志有無不明的，而主「知命」；墨子以「天」有意志的，而主「非命。」」

夏曾佑謂「老子於「鬼神」「術數」一切不取；孔子留「術數」而去「鬼神」；墨子留「鬼神」而去「術數」」

註釋：

㊀墨子學於史角　墨子學派。呂氏春秋謂魯國欲郊天，求周天子允許，周遂遣史角往，故班志謂「墨家者流，出於清廟之守。」

第四節　法家

古者禮法合一，鄭康成云：「典則亦法，」是法爲典章制度之通稱，非僅指賞罰刑法而言也，至管仲治齊重賞罰，任法而不任智七臣云：「法者，所以興功懼暴，律者所以定分止爭，」法家多宗之。至其書雖非盡由己出，而其富國強兵之策，則主功利者。故法家主在「賞信必罰，」而爲功利主義也。李悝申不害之書，今皆已亡。而李悝相魏文侯盡地利。計賦斂，魏以之富強矣。申子之學，本於黃老而主刑名。如太平御覽引其言曰：「堯之治也，善明法察令而已。聖王任法而不任智，任數而不任說。黃帝之治天下，置法而不變使民安樂其法也。」至商鞅之書，班志謂有二十五篇，今缺其五。而其舉法、權、信三者，則曰：「法者，君臣之所共操也。信者，君臣之所共立也。權者，君之所獨制也。」三者之中，法爲尤重。故蘇子由曰：「商君專言法者也。」愼到之書，已多亡佚，而其說則在任法、任勢。故荀子謂其「敬於法而不知賢，」蓋愼子任法而不任人者也。韓非則集法家之大成，其學出於黃老申商荀卿諸人。史記謂其「喜刑名、法術，而歸其本於黃老。」「刑名」二字，當作「形名」解。倡自尹文子。韓非用之於政治，以爲人君所以制馭羣下之法。卽有事，臣下呈己之意見，是爲名。人主由其意見，授之以職事，而視其實功之如何。功，卽形也。議論與實行一致時，是謂「形名參同。」夫法，商鞅用以治秦；術，申不害用以治韓；而非則併取法、術二字。非以爲商鞅「徒法而無術；」申不害「徒術而無法，」二子終不能致其國於富強。故曰「術者、主之所執；法者，臣之所師。君無術則蔽於上；臣無法，則亂於下。」二者相依，而相爲用者也。漢劉向謂「商君之書號曰法，申子之書號曰術，韓子抍祖其說，」

·国学概要·
龙门联合书局
一九四七年版

此之謂刑名法術之學也。

（一）管子　管仲相齊桓公，尊王定霸，其功烈具載春秋傳。其書漢志入道家，隋書入法家。而入道家者，謂其尚陰謀，任權術，合於道家之學說也。史記謂其爲政，「善因禍而爲福，轉敗而爲功，貴輕重，慎權衡。」可概其經國規模矣。

（二）商鞅　衛人。說秦孝公以變法，賞厚而信，刑重而必，提倡富國強兵，秦卒樹幷吞之勢。今存商君書二十四篇，多後人述其說而爲之。

（三）申不害　史記謂「申不害，故鄭之賤臣，學術以干韓昭侯，昭侯用爲相，內修政教，外應諸侯，國治兵強。」蓋申子所學之術，卽法家之術；所修政教，卽循名核實而以刑齊之也。漢志入法家，有申子六篇。

（四）韓非　史記謂「非，戰國末韓國之疏屬公子也。見韓削弱，數以書諫韓王；韓王不能用。非疾治國不務修明其法制，執勢以御其臣下，反舉浮淫之蠹而加之於功實之上，以爲儒者用文亂法，俠者以武犯禁；寬則寵名譽之臣，急則用介胄之士；所養非所用，所用非所養。作孤憤、五蠹、內外儲說、說難十餘萬言。」秦王見孤憤、五蠹之書曰：「嗟乎！寡人得見此人，與之游，死不恨矣。」因急攻韓。韓王乃遣非入秦。秦王悅，未及用。李斯讒之，下獄；斯又遺之藥，遂死獄中。非爲人口吃，不能道說，而善著書。與李斯同事荀卿。今有韓非子二十卷五十五篇。

（五）愼到　趙人。其書久亡，今存五篇，爲後人綴輯而成。其學說任法、任勢，故韓非有「難勢」一篇以駁之。荀子譏其「蔽法而不知賢。」

·国学概要·
龙门联合书局
一九四七年版

第五節　名家

劉略謂：「名家出於禮官，」引春秋傳曰：「古者名位不同，禮亦異數。」是禮固賴名以制定者也。孔子論爲政，必先正名，其言名以禮爲準則。荀子正名，以別同異，而其學則「終於讀禮者也。」莊子齊物論，多名學之精神，天下篇亦多名家學說之稱引。而墨經尤爲吾國古代名家學說之導源。法家亦有「刑名」之說。蓋儒、道、墨、法，必兼是學，然後能立能破。至若惠施、公孫龍，專立名家之壁壘，雖莊子斥爲「其道舛駁，其言不中，飾人之心，易人之意，能勝人之口，不能服人之心，」而其理析毫芒，辭成僞詭，非深於辯者不能爲也。

（一）鄧析子　班志「名家，」鄧析二篇。注云：鄭人。呂氏春秋曰：「子產治鄭，鄧析務難之，以非爲是，以是爲非，是非無度，而可與不可日變，所欲勝因勝，所欲罪因罪。鄭國大亂，民口讙譁。子產殺鄧析而戮之，民心乃服，是罪乃定，法律乃行。」蓋鄧析以綜核名實，變亂是非，爲其說也。其書有出自後人僞託。

（二）尹文子　尹文之學，爲辨名實。其謂形名者，形卽實也。綜其「形名」之說凡三：一形，二名，三分。形，卽實也，卽一切事物也。一切形皆有名稱，然名須與實相應。命名既當，於是因名而起人心一切善惡好惡之反動，而發生對於事物種種之態度，則分卽生矣。名分既定，則萬物不亂矣。有其書一篇。

（三）公孫龍　班志謂趙人，有公孫龍子十四篇。今本三卷，凡六篇，蓋亡其八。龍初客平原君，平原君能厚遇之。及齊騶衍至趙，大言至道，詆公孫龍，平原乃黜之。其學在辨析名實。如「白馬㊀非白馬，」「堅白㊁同異」之辨析說極精。其書雖非自著，要亦其徒輯其說而爲之，深有自得者也。

（四）惠施　班志謂「名施與莊子同時。」書已久亡。今存楊喻、彈彈、半可三篇，未可據為其學說。惟莊子天下篇述其歷物之意，都有十事；又天下辯者從而和之都二十一事，皆為新奇之說，驚俗駭世，是以莊子斥之。然專以名家著聞。

註釋：

㊀堅白　公孫龍著堅白論行於世。堅白即守白也。言堅執其說。如墨之墨守之義。自堅白之論起，辯者互執是非，不勝異說，有謂「堅白者，堅者不必白，白者不必堅，以雞子為喻而公孫龍能合衆異而為同，故謂之堅白同異。

㊁白馬　公孫龍著有白馬論。

第六節　陰陽家

班志云「陰陽者，順時而發，因五勝而為助。」師古曰：「五勝，五行相勝也。」故陰陽之說，始於洪範之五行，以水、火、金、木、土而相生相殺也。古之陰陽家，在觀天文，治歷象，授民時。又相視地形向背，營宮室，定邑里。下至蓍、龜、占卜之屬。章太炎謂「亦屬宗教，而與墨子有殊觀。蓋墨家言宗教，以善惡為禍福之標準；陰陽家言宗教，以趨避為禍福之標準，此其所以異也。」又謂「如楊雄之太玄、司馬光之潛虛、邵雍之皇極經、黃道周之三易洞璣，皆應在陰陽家言不應在儒家之六藝。此與蓍龜形法之屬，高下固殊絕矣。」

（一）鄒衍、鄒奭　班志謂衍齊人，為燕昭王師，居稷下，為稷下派，號「談天衍。」又鄒奭，班志謂「齊人。號「雕龍奭。」齊有「三鄒」，此其二也。史記孟子荀卿列傳述衍之學曰：「鄒衍睹有國者淫侈，不能尚德，乃深觀陰陽消

·国学概要·
龙门联合书局
一九四七年版

息，而作怪迂之變，終始，大聖之篇稱引天地剖判以後，五德轉移，治各有宜。」又述其說曰：「海外有大九州，中國僅八十一分之一，所謂赤縣、神州是也。」思想壯闊，已見地圓之說。至於奭，史記謂其「采衍之術以紀文，」是奭與衍學說相似，而奭飾以文藻耳。鄒衍有書四十九篇，奭有書十六篇，今皆亡佚。

第七節　縱橫家

漢志云：『縱橫家者流，蓋出於行人之官。孔子曰：「誦詩三百，使於四方，不能專對，雖多亦奚以爲？」又曰：「使乎，使乎！」言其當權事制宜，受命而不受辭，此其所長也。』又越絕書內傳陳成恆篇曰：「子貢一出，存魯，亂齊，破吳，彊晉，霸越。」是則儒家者流，如孔孟者，未有不兼縱橫之所長，豈僅如章太炎所謂「熱中趨利」而已哉？特至後世，非獨外交顓對而已，亦爲游說策士之異名。如國語、戰國策諸書，何一莫非縱橫家言。而入戰國，則如章太炎所謂「從人橫人，以六國抗秦爲從，以秦制六國爲橫」。此如漢志云：「及邪人爲之，則上詐諼而棄其信；」及楚、漢之爭，縱橫之風猶熾，如漢志所錄，漢有蒯子五篇，鄒陽七篇。蒯徹勸韓信以三分天下，鼎足而居；鄒陽仕梁，値吳楚猖狂之世。其他類是之篇頗夥，皆入於縱橫家，亦其所也。而縱橫家之自來，考者言各有殊，說者多以鬼谷子爲其祖，蘇秦、張儀師之，隋志列於縱橫家，茲姑宗之。

（一）鬼谷子　相傳爲楚人，無鄉里姓名，因其所居，稱鬼谷先生，著有鬼谷子一卷，班志不著錄，隋志列於縱橫家。今本十二篇，凡一卷。其文詭變，非漢以後人所能爲。至術數多託名於鬼谷子。

（二）蘇秦張儀　各見諸書列傳，茲不復贅。

第八節　雜家

四庫全書總目提要子部雜家類一云：「衰周之季，百氏爭鳴，立說著書，各爲流品，漢志所列備矣。或其學不傳，後無所述；或其名不美，人不肯居。故絕續不同，不能一概著錄。後人株守舊文，於是墨家僅墨子、晏子二書，名家僅公孫龍子、尹文子、人物志三書，縱橫家僅鬼谷子一書，亦別立標題，自爲支派，此拘泥門目之過也。黃虞稷千頃堂書目，於寥寥不能成類者，併入雜家。雜之義廣，無所不包。」故章學誠有言曰：「近人著作，無專門可歸者，率以儒家、雜家爲蛇龍之菹也。」班志謂「兼儒、墨，合名、法，知國體之有此，見王治之無不貫，此其所長也。及盪者爲之，則漫羨而無所歸心。」故四庫全書子部以雜家言蒐集爲最多，茲列兩家於左：

（一）尸子　班志云「名佼，魯人，秦相商君師之。鞅死，佼逃入蜀」。劉勰謂其「兼總雜術，術通而文鈍」。是佼固雜家者流也。班志謂其著錄二十篇，其書久亡。

（二）呂氏春秋　班志謂「秦相呂不韋集智略之士作」。史記本傳「是時諸侯多辯士，如荀卿之徒，著書布天下，不韋乃使其客人人著所聞，集論以爲八覽、六論、十二紀，二十餘萬言，以爲傳天地萬物古今之事，號曰呂氏春秋」。書爲諸家集合，故不偏於一說，有二十六篇相傳。書既成，布咸陽市門，募能增損一字者予千金，卒無應募云。又曰呂覽。

第九節　農家

漢志謂『農家播百穀勸耕桑以足衣食。故八政「一曰食，二曰貨。」孔子曰：「所重民食。」此其所長也。及鄙者爲之，以爲無所事聖王，欲使君臣并耕，誖上下之序。』則許行所謂神農之言，猶見於孟子書中。其他諸書，世無傳者。如四庫全書總目提要謂「農家條目至爲蕪雜，諸家著錄大抵輾轉旁牽；因耕而及相牛經，……因五穀而及圃史，……因蠶桑而及茶經，……今逐類汰除，惟存本業，用以見重農貴粟，其道至大，其義至深，庶幾不失豳風、無逸之初旨。」是則農家者言古已有之，特散見於羣集，未成一家言耳。而如賈思勰之齊民要術，王楨之農書，章太炎謂『若農家止於如此，則不妨歸之「方技」與「醫經」「經方」同列。』然則後世所及相牛經、圃史、茶經者，亦與「方技」同觀也可，殊非足食之義趣矣。

第十節　小說家

班氏謂「小說家者流，蓋出於稗官，街談巷語，道聽塗說之所造也。」如淳注謂「王者欲知閭巷風俗，故立稗官，使稱說之。」然則博采旁搜，是亦古制。及後流爲小說之言，如周考七十六篇，靑史子五十七篇，虞初周說九百四十三篇，與近世雜史相似。而如章太炎謂『伊尹說二十七篇，鬻子說十九篇，宋子十八篇，待詔臣安成未央術一篇，其言兼黃老。莊子天下篇舉宋鈃、尹文之術，列爲一家，荀卿亦與宋子相難。今尹文入名家，而宋子祇入小說，此又不解者。以意揣之，宋子「上說下教，強聒不舍」（見莊子天下篇）蓋有意於社會道德，所列黃老諸家宜亦同此，街談巷語，所以有益於民俗也。』

·国学概要·
龙门联合书局
一九四七年版

第三章　儒道墨法諸家學說之同異

儒道之同點

孔子謂「舜無爲而治。」老子主張「清靜無爲。」孔子謂「以德報怨。」此語見於老子。孔子謂「未能事人焉能事鬼。」「子不語怪、力、亂、神、鬼。」章太炎謂「老子排斥鬼神，爲儒家之先導。」　孔子問禮於老聃，又曰「老子猶龍。」　孔子主「大同之世。」莊子主「上古之世，民結繩而用之，甘其食，美其服，樂其俗，安其居，……則至治已。」司馬談謂「道家「采儒墨之善。」　荀子解蔽篇「虛一而靜，」老子「致虛極守靜篤，萬物幷作，吾以觀復。」司馬談論道家「大道之要，去健羡，絀聰明。」　孟子主「得民心斯得天下。」老子「聖人無常心，以百姓爲心。」　荀子解蔽篇「心不知道，則不可道而可非道。……心知道，然後可道。可道，然後能守道以禁非道。」老子「道可道，非常道。」

儒道之異點

孔孟荀主仁、義、忠、孝、慈愛。　老子「大道廢有仁義；……六親不和，有孝慈；國家昏亂，有忠臣。」又「絕聖棄智，民利百倍；絕仁棄義，民復孝慈；絕巧棄利，盜賊無有。」莊子胠篋篇「妄意室中之藏，聖也；入先，勇也；出後，義也；知可否，知也；分均，仁也。五者不備而能成大盜者，未之有也。」又「聖人不死，大盜不止。」又「竊鉤者誅，竊國者侯，諸侯之門而仁義存。」又「絕聖棄知，大盜乃止。」馬蹄篇「及至聖人，蹩躠爲仁，踶跂爲義，而天下始疑矣。」莊子述盜跖之言曰「魯國巧僞人孔丘，不耕而食，不織而衣，……使天下學士不反其本，妄作孝弟，而僥幸於封

·国学概要·
龙门联合书局
一九四七年版

侯富貴者也。」 司馬談曰「儒者博而寡要，勞而少功。」「道家與時遷移，應物變化，立俗施事，無所不宜，指約而易操，事少而功多。」孔孟尊天，老莊任天。

儒墨之同點

- 孔子主「大同」曰「汎愛衆。」「節用而愛人。」墨子主「兼愛」「節用。」 淮南子要略訓曰「墨子學儒者之業，受孔子之術。」又「兼愛合於儒家之大同。」
- 儒家祖述堯舜，司馬談謂「墨者亦尙堯舜道。」 儒家重賢，墨子尙賢。 儒家非攻，墨子亦非攻。 儒家尙仁義，墨子貴義。 儒家尊天命，墨子有天志。

儒墨之異點

- 孔子正名，墨子崇實。 孔子不信鬼神，墨子則倡明鬼。 孔子以富貴、壽夭爲在於天命，墨子則倡非命。 孔子以禮樂爲治國之要具，嘆美周代之文治，墨子以周尙文，立非樂、節用、節葬之說。 孔子明貴賤，別親疏，墨子則主張兼愛、交利。 墨家後有「鉅子，」爲古宗教家，而儒
- 家則否。

儒法之同點

- 韓非受業於子思之門人荀卿之弟子。 孔子曰：「齊之以刑。」 孔子修春秋以嚴賞罰。
- 孟子曰：「國人殺之。」 荀子主性惡，以禮爲矯正之具，韓非子主張「因時爲備，」與「重刑足以爲治」則出於荀子「法後王」與「刑罰治世無不重，亂世無不輕」之說。

儒法之異點

- 儒家重仁、義、禮、智、信。法家重法、術、刑名、賞罰。 孟子曰：「徒法不能以自行。」又曰「薄刑罰。」
- 商鞅以禮、樂、詩、書爲「六蝨。」韓非子曰：「儒以文亂法。」五蠹曰：「行仁義者非所譽，譽之則害工；文學者非所用用之則亂法。」

道墨之同點

老莊任天，墨家信天。 老子曰：「五音令人耳聾。」莊子曰：「擢亂六律，鑠絕竽瑟，塞瞽曠之耳，而天下始人含其聰矣。」墨子亦有非樂篇。 老子曰：「兵者不祥之器。殺人之衆，以哀悲泣之；戰勝以喪禮處之。」則墨子有非攻篇。 老子「去力」「任智」，則墨子與公輸角攻守之技，公輸九設攻城機變，墨子九距之。公輸之攻械盡，墨子之守圉有餘。」「兼愛」即老子之慈。「節用」即老子之儉。

道墨之異點

老莊主張原始時代政治，民各甘其食，美其服，……則至治已。墨子則行夏政。 老子「無爲」，莊子「虛無」。墨子則主張勤勞之意，「日夜不休，以自苦爲極。」 墨家流爲一種宗教，所謂「鉅子」，即其教主，見於呂氏春秋者，有孟勝、田襄子、腹䵍三人，而老莊則否（東漢道教託爲黃老，殊不倫）。老子有「無名」論，墨子有經上下、大取、小取之名學。 莊子曰：「依其天理。」墨子則曰「天志」。 老子曰：「不尚賢使民不爭。」墨子則有尚賢篇。 老子曰：「不見可欲，使民心不亂。」墨子曰：「示之以利，方能使行之終身不饜，歿世而不倦。」 道家不言鬼神。墨子曰：「吏治官府之不廉潔，男女之無別者，有鬼神見之；民之爲淫暴寇亂、盜賊、……有鬼神見之。」

道法之同點

管仲治法家言，而漢志入之道家，意爲管子尚陰謀，任權術，合於老子之學說。史遷謂：「韓非歸本於黃老。」又謂「申子卑卑，施之於名實，韓子引繩墨，切事情，明是非，其極慘酷少恩，皆原於道德之意。」蓋韓非之學說，於老子之政治觀，有其根據者，如老子以爲「人君能體道

·国学概要·
龙门联合书局
一九四七年版

而虛無恬淡，則民自正物自化。韓非本之以爲「人君定法，而示臣以所當遵守之能己虛靜而羣臣自正國自治。」又韓非所謂「術者，人主之所執，而不可借之於羣下。」乃本於老莊「國之利器，不可示人」之說。

道法之異點

司馬談論道家曰：「道家無爲，又曰無不爲，其實易行，其辭難知。其術以虛無爲本，以因循爲用，無成勢，無常形，故能究萬物之情；不爲物先，不爲物後，故能爲萬物主；有法無法，因時爲業；有度無度，因物與合。故曰，聖人不朽，時變是守。」而韓非子心度篇云：「治民無常，惟治爲法；法與時轉則治，治與世宜則有功。」是韓非亦未嘗不與時變。但所謂法者，如定法篇云「法者，憲令著於官府，刑罰必於民心，賞存乎愼法，而罰加乎姦令者也。」又曰：「法者，編著之圖籍，設之於官府，而布之於百姓者也。」是則所謂法，乃謂成文之法，而有異於道家之「有法無法，因時爲業；有度無度，因物與合」者矣。

至同於名家者：儒家之「正名」；道家之「無名」；墨家則產生名家。墨辯注敍云：「墨子著書，依經辯以立名本，惠施，公孫龍祖述其學，以正別名，」是惠施公孫龍傳墨經上下者也。法家亦綜覈名實。

其同於縱橫家者，孔子周游各國。孟子見梁惠王，齊宣王。荀子游燕齊而終於楚。墨子自魯往楚，見公輸般。韓非之秦。皆各逞其學說，以干諸侯。

而於農家，孔子曰「吾不如老農。」孟子雖主張「百畝之宅，樹之以桑。」而於許行「君臣幷耕」之說，則力斥之。韓非顯學篇云『今世之學士語治者多曰「與貧窮地，以實無資，」』但非同農家之說。農家之書，世亦無傳。

第四章 歷代之治子學

第一節 秦漢魏晉南北朝治子學之風氣

秦焚詩書，燒百家語，諸子之學，掃蕩無餘。漢興，雖大收篇籍，廣開獻書之路，然旋經趙綰奏諸子之言，有亂國政，請皆罷之，由是百家貶斥。其後陰陽家用事，及劉向父子與班固相繼校閱，歆總羣書為「七略」，諸子略居第三。班固因之，總為十家，惜乎董卓之亂，獻帝西遷，圖書縑帛，盡掃地矣。而揚雄先以陰陽之說，兼涉道家，東漢季年，法家紛起。爰暨魏晉，道家大興，中惟墨家流為俠士。明帝章帝時，佛學傳入，諸侯王以下皆好之。魏晉以還，譯述梵書，競為宗主，乃為內典時代，非諸子時代。梁武帝有老子講疏及釋典諸經義記數百卷，簡文帝有老莊法璧連璧諸書，元帝又製補闕子十卷，老子經四卷，是不得道家之眞義，去子學又一遠矣

第二節 兩漢至南北朝治子學之著作

董仲舒在漢稱「五經博士」，其春秋繁露一書，多五行、讖緯之說，陰陽家也。

淮南子為淮南王劉安所著，其書雜入道家言，非一人所作。

劉向、班志列在儒家，而喜言災異，惟長於目錄之學，善校書。所著說苑、新序，則猶呂氏春秋、淮南子兩書。

揚雄有太玄，以擬道德經，有法言，以擬論語。

·国学概要·
龙门联合书局
一九四七年版

王充，後人列入雜家。生當東漢，經學最盛；諸子哲學，已不復振。充好博覽而不守章句，以爲俗儒守文，多失其眞，乃著論衡八十五篇，二十餘萬言。書中如書虛、變虛、異虛、感虛、福虛、禍虛、道虛、語增、藝增、儒增、問孔、刺孟等篇，皆辯儒書之虛妄也。又如龍虛、雷虛、論死、訂鬼等，皆糾世俗之迷誤也。總之，刻虛黜靡，訂誤闢詐，破除迷信，力求眞理，洵古今之第一大雜家，亦哲學之懷疑派者也。

荀悅申鑒五卷，分政體、時事、俗嫌、雜言上下。其書多述舊聞，有類說苑。

王符之潛夫論，仲長統之昌言，皆以明罰飭法爲歸，是法家言。

孔叢子七卷，爲孔鮒所撰，或有疑爲王肅僞造者。

王弼祖述老子，著老子略論一卷，十有八章，當時玄風爲之大振。

抱朴子八卷，晉葛洪撰，洪爲道家之學。

齊民要術，魏賈思勰撰，論耕稼之事，亦記述之書。

第三節　隋、唐之治子學

隋唐統一天下，書頗殘缺，對子書亦多整理，分羣書爲四部，東屋藏甲、乙，西屋藏丙、丁。丙部即子書，凡八百五十三部，六千四百三十七卷。合而敍之，爲十四類，即儒、道、法、名、墨、縱橫、雜、農、小說、兵、天文、歷數、五行、醫方是也。迄乎唐代，子學寖衰。玄宗尊老子爲太上玄元皇帝，莊列諸子爲眞人，去子學愈遠矣。當開元盛時，承隋之制，亦分諸書爲四部。其丙部亦爲子書，分類亦如隋之十四類。其後又增爲十七類，多出雜藝類、事類、（新唐書稱類書類）經脈類，（新唐書稱明堂經脈類）計七百五十三部，書凡五千六百三十七卷。此隋唐治子學之大概。

第四節　宋元明之治子學

宋代雖倣開元之制，有所謂崇文總目，然呂公著於元祐元年，請令禁主司於老莊書，不得出題。舉子不得以韓中佛書爲學。故當時學者多詆斥子書，目爲異端邪說，屏棄而不觀焉。至於金元，則本蒙古族，文字不通，享祚又淺，徒追慕之而已。明太祖承元之後，曾極力訪求遺書，正德、萬歷中，疊加修綴，號稱詳博。然李延機以子書盛行，目爲異端害教，上書請求嚴禁，斯時子學沉淪極矣。總之，自秦焚書而後，子學殊無進步。炎漢之後，雖歷代間有詔求子書之舉，然子書每隨時代而銳減，或焚於火，或散於兵，或沒於水，或擯棄於時，銷亡於無形之中，至可惜也。再括言之，隋以後，一束於唐人之正義，再棄於宋人之講義，古書舊本，日湮月沒，遺亡殆盡。

第五節　淸代之治子學

淸代右文，學者輩出，於數千年前殘缺之子書，詳加考訂輟輯，蔚然可觀。茲就淸朝文獻通考所分子部，凡十八門。首儒家，次法家，次雜家，次小說家，次農家、譜錄，次天文、推算、五行、占筮、形法，次兵家、醫家，次類家，次雜藝，其餘道家、釋氏、神仙，則以別有專藏，惟取有資掌故者錄之。於其淵源派別之所在，姓氏名字之紛亂，多闕焉未詳；於術數，方伎二類，則又與諸子相混矣。淸代之著作，除唐子潛書、賀氏激書外，大都強附子類，實則文集而已。子苑一百卷，不著撰者姓氏，其內容分人倫、性行、學業、政事、人事五門，而雜摭諸子者也。兪樾有諸子平議三十五卷。

·国学概要·
龙门联合书局
一九四七年版

第五章 漢唐之釋道

章句、訓詁之學，至東漢而盛極。而附會經傳之說，多雜以「讖緯，」如王莽好「符㈠命」而失敗，光武信「圖㈠讖」而興起，終東漢一世，溺於迷信者，頗多名公鉅儒。而傳註之家，言辭煩瑣，說一經動輒數十萬言，逐末忘本，令人生厭，則王充之哲學，反對專經，破除迷信，提倡實用，乘機鼓吹，皆切中時弊，能卓然自立不拔，而引起仲長統之昌言，崔實之政論，劉劭之人物志，應劭之風俗通義，皆指抉時弊，鄙棄章句之作也。而於宗教上適合社會之心理，乘虛而入者，厥惟佛學。東漢士流，從無道及佛者，王充博學之士，論衡一書，於百家莫不評隲，而獨無一言及佛，足證其時，未有所謂佛教也。故史載漢明帝時，佛法始入中國。東漢明帝永平十七年，派郎中蔡愔往天竺求佛氏經典，得四十二章，西域僧攝摩騰、竺法蘭隨蔡愔至洛陽，於白馬寺譯之。是爲譯經之始。及至晉安帝時，有高僧法顯者，偕數僧入西域求經，經三十餘國至南天竺，得摩訶僧祇律、泥洹等經，留三年學梵字，凡十五年而還，傳入佛經已漸多矣。漢得釋迦立像，以白馬負之東還，因立白馬寺於洛陽城西。是爲中國立佛寺之始。自是高僧踵至，其著者爲後趙之佛圖澄，後秦之鳩摩羅什。而君主如梁武帝、北魏明帝，皆極意推崇。於是寺刹浮屠徧天下，歷兩晉、南北朝、隋、唐而日盛。夫漢末政局分裂，人心厭世，小㈢乘教義，適投心理，又與老莊清談，時相吻合，故已分播漸蕃。及隋唐之世，大㈣乘教義，遂執中國拜佛法者之權威，王侯士庶，莫不傾心焉。唐僧玄奘於貞觀元年出遊印度，歷十七年而歸；歸而專事譯經，十九年間，譯成經論千三百三十卷。一人之力、述作如許之多，誠古今中外所罕見。其弟子窺基從玄奘譯經於慈恩寺之翻經院，勤著述，謂之「慈恩教，」後尊爲「法相禪理宗。」初受「瑜珈唯識宗，」著論譯經凡百部，又號百本論師。又有義淨者亦出遊印度三十七年，譯成二百三十卷，至是而佛學已爲中國普及之教。雖有韓愈闢佛而作原道，李翺作復性，而無挽於人心。然而其流弊也，佛寺爲逃賦之地，僧衆爲避役之業，佛教終爲儒者詬病。故唐玄宗於僧尼屢加裁抑，武宗竟撤毀佛寺，僧尼還俗至數十萬人，斯時佛教幾乎熄矣。天㊄台、華㊅嚴諸大宗，既已消沈，惟淨㊆土之念佛修行，猶流傳於鄉愚；而「禪㊇宗」以不着語言，不立文字，直指本心，見性成佛爲教義，獨昌大光明。沿及宋明，天下從風。理學諸儒，據以說經焉。至於道教之神方、方術，導源於戰國之騶衍。衍謂中國爲赤縣神州，其外有如此者九州，遂引起後世求仙，采藥、服食之事。如秦始皇遣齊人徐市求三神山；燕人盧生求神仙不死藥。衍又謂宇宙本體係五行，遂引起兩漢災異、符瑞、讖緯之說。東漢以降，儒術漸衰，老、莊代興，「陰陽家言」與之聯鑣并駕。有魏伯陽者，著周易參同契三卷，假易爻辭以論作丹之意，於是煉養之事又起。同時有張道陵者，創立道教。道陵爲留侯之裔，居蜀之鵠鳴山，造作符書二十四卷，以惑人心。受其教者出米五斗，亦稱「五斗米教。」其孫魯假此而據漢中，自號張天師，後爲曹操擊敗，遂降操。同時張角亦奉黃老，用符水、咒說以療病，入教者皆以「黃巾」爲標幟，時人謂之「黃巾。」夫道教雖祖老子，而託名耳，無一得老子之眞諦。其言金丹，本秦漢方士之說；其符籙、禁咒，劾鬼治病，本古巫覡之說。至於信奉多神，則又盜釋氏之皮毛，以欺世而獵食者也。魏晉時代，嵇康著養生論，非神仙非藥可至；導養可以延年；郭璞精於五行卜筮之術，葛洪之抱朴子，論神仙黃白之事，則沿陰陽之流，以儒道爲裝飾者也。故漢代、魏晉之世，道教之說，雜而多端：曰，清靜；曰，煉養；曰，服食；曰，符籙；曰，經典；曰，科教，六者皆冒老子爲之宗主，以行其說，而皆非也。惟清靜一說，魏晉以之談玄矣。李唐繼起，自託李耳之裔，且謂老子現形於羊角山，自稱唐祖，於是追尊爲太上玄元皇帝，玄廟徧天下，并以道德經試士。而方士之熒惑人主，亦日進。終唐之世，三教并立矣。

·国学概要·
龙门联合书局
一九四七年版

註釋：

㈠符命　天賜祥瑞與人君，以爲受天命之符。文人侈陳瑞應，歸美君德之辭。如司馬相如之封禪書，揚雄之劇秦美新。

㈡圖讖　占驗之書，如後漢書李通以圖讖說帝。

㈢小乘　佛經分大小二乘，以車乘爲喻，言其能載道濟人也。但人有智愚，佛說卽有深淺，其深者爲大乘，淺者爲小乘。小乘教義，指「辟支乘」、「聲聞乘」，唯求自度。

㈣大乘教義　大乘謂「菩薩乘」，其教義普濟羣生。

㈤天台宗　十三宗之一。祖師爲智者大師。居天台山，故曰天台宗。以其正宗法華，又曰法華宗。此宗立空、假、中三觀：空觀順眞諦，假觀順俗諦，中觀順第一義諦。

㈥華嚴宗　十三宗之一。祖師爲杜順大師。佛初入道，卽說華嚴，在大乘最爲宏贍，有華嚴經。

㈦淨土宗　十三宗之一。祖師爲善導大師。主念佛往生。

㈧禪宗　佛法初來中國，尚無宗名。隋、唐以後，襲用印度諍論緒餘，乃有所謂「五宗」、「七宗」、「十三宗」之別。而禪宗於此三宗中皆有之。其開山祖師爲達摩，初起於梁武帝時，中盛於宋、元、明，後衰於明末。以坐禪頓悟自性，卽佛性爲宗旨。

第六章　魏晉南北朝之玄學

儒家章句、訓詁之學，至魏晉時，人益苦其煩瑣，道教修煉之說，佛教淨土之念，遂得乘機而入，前章旣言之。而三國紛爭，兩晉之內訌外患，擾攘頻仍，智識之士，以見國事之不可爲，遂開「清談」之風，自號「清流」之士，此亦是時玄學之所由興也。夫玄學者，道家玄奧之學，以「清靜無爲」爲旨。司馬談「道家「無爲」，又曰「無不爲」，其實易行，其辭易知」，初非放浪形骸，矜高妄誕焉。乃自魏少帝正始之際，清流之士，羣集洛下，崇尚老、莊，毀棄經典，蔑視禮法，相效放達，初有何晏、王弼，爲時所師；繼有竹林七賢——嵇康阮籍山濤向秀劉伶王戎阮咸——嗣響於後。而王衍、樂廣，益張其風天下之士相率景慕。東渡以後，猶奉爲人倫準則也。當時五經中惟崇易理。梁武帝時，雖稍稱儒術，尙經學，然以結習既深莫能挽狂瀾於既倒矣。梁又於五經之外，不廢老、莊，且增佛義，可知投時因世，玄風能掃盡一切。顧炎武日知錄曰：「講明六經，鄭玄、王肅爲集漢之終；演說老、莊，王弼、何晏爲開晉之始，以至國亡於上，教淪於下，羌戎互僭，君臣屢易，非林下諸賢之咎，而誰咎哉？」此定論也。直至隋帝統一，始克剗除，蓋關陝質樸，無此風尙，魏周以來，初未漸染，陳人之遷於長安者，已衰頹不振，故不禁而自絕焉。

第七章　宋元明淸之理學

理學之意義　理，古訓爲分，爲別。至宋人言理，則視爲混全之物，與絕對之稱。在宇宙論，則言「理氣」；在心論，則言「性卽理」；在工夫論，則言「存理去欲」；則理之意義，益廣大而深奧矣。程朱主張「天卽理，性卽理」，是有老莊釋家之思想。陸象山王陽明主張「心卽理」，是又將儒家而入於老莊與釋家。故宋人理學，實含有佛老之色彩焉。理學家於經不主訓詁，而主義理；不重師承，而重心得。求聖人之旨，以明心性道德之理，故又曰「理學」。而宋承佛老極盛之後，儒家從事衞道主義，更名曰「道學」。淸代治考據者曰「漢學」，治義理者曰「宋學」，於是理學又名「宋學」。

理學之由來　宋代理學產生之背景有四：（一）訓詁之反動。東漢既趨重章句，訓詁，歷兩漢而日卽支離。唐代統一南北之經學，而今古文相紊，經此漢唐之風氣，思想爲之束縛，於是棄故創新矣。（二）詞章之反動。自漢代盛行辭賦，至兩晉、南北朝，衍成駢儷，連篇累牘，月露風雲，不切實際，乃於道義以求之。（三）道家之影響。魏晉南北朝，崇尚老莊，提倡玄學，而存養之術，又借易經以神其用，以引起研究之興趣。（四）佛教之影響。「禪法」傳自達摩，「禪宗」創自慧能，其默照內心，專事參悟，引人已深。綜此四因，釀成反對訓詁，而以儒爲表，佛道爲裏之理學。

理學之策源地　宋以科舉取士，且設立「太學」而研究學術者，反在「書院」如白鹿洞、嶽麓、應天、嵩陽四大書院，其餘尙夥。可知教育獨立，私家講學，如孔孟設教，而周秦諸子造成學術昌明時代也。

理學之先導者　宋代理學，導源於胡瑗，字安定，孫復，字明復，又號泰山；及其弟子石介，字守道，又號徂徠三人。安定設「經義」「治事」二齋講學。泰山、徂徠以師道明正學。安定起於南，泰山興於北。安定沈潛篤實，泰山高明剛勁，二人均深明經術者也。後遂演成濂洛兩學派。

兩宋理學之學派　北宋三派：（一）濂溪學派，以周敦頤爲主。（二）洛學派，以程顥、程頤爲主。（三）關學派，以張載爲主。南宋二派（一）閩學派，以朱熹爲主。（二）江西學派，以陸九淵爲主。綜是五派，同治理學，而所持之理論，與所治之工夫，多有相殊。其立論要以「心」「性」「理氣」爲中心，而或重「心性」或主「理氣」其功夫或由外而內，或由內而外；或主學，或主悟，以致形成各派之門戶，相爭相伐，如朱陸之爭，亦猶經學有漢末王鄭之敵。茲概述各派之學說於左：

（一）濂溪學派　周敦頤，字茂叔，湖南道縣人。官江西，淸正不阿。晚居廬山蓮花峯下，取其溪以故鄉之名，曰濂溪。周之學，以太極圖說及通書爲本。其圖得之於穆脩，自脩以前，有河上公者首創，魏伯陽、呂洞賓傳之，至宋初，陳搏刻於華山石壁。是否雖未可信，要亦出於道教之徒。周敦頤以明易及天人之理，遂開一代理學之宗。然易言「太極」

·国学概要·
龙门联合书局
一九四七年版

而不言「無極，」言「陰陽」而不言「五行。」「無極」之名，見於老子；「五行」之名，見於莊子；合陰陽、五行以言易，始於揚雄。故陸九淵終以爲是老子宗旨。二程亦未援引其說。獨朱熹與陸氏爭辯，以爲其功不讓羲孔，此亦儒表道裏之說，迄今猶有疑問。其通書卽根據圖說，闡明陰陽、五行之變化。然其以「誠」爲百行之源，以「無欲」主靜，立人倫之極，傳至二程，能廣其學，以開洛派。

(二)洛學派　程顥，字伯淳，河南人。其父珦使顥頤受濂溪之學。生平學養純粹，未嘗見忿厲之色。哲宗朝卒，文彥博題其墓石，曰「明道先生」。程頤，字正叔，明道弟。俱受濂溪學，以司馬光薦，崇正殿說書，容色莊嚴，講論剴切，無所規避，與蘇軾不合，兩家門下，更相攻訐，是爲洛蜀之黨。宋徽宗大觀中卒，封伊川伯，人遂稱伊川先生。明道有識仁說、定性書。其於仁，曰：「學者須先識仁。仁者，渾然與物同體。義、禮、知、信，皆仁也。識得此理，以誠敬存之而已。」其言性，則曰「生之謂性，性卽氣，氣卽性，」是主張一元論者。又曰：「論性不論氣不備，論氣不論性不明，二之則不是。」是與孔子言「性相近，」爲「氣一元」論之說，而無論其「識仁」或「定性，」能取徑於禪，而不爲禪囿，仍歸於孔孟之道，此非睿智者不辦。伊川撰其行狀曰：「出入於老釋者幾十年，反求諸六經而復得之，」此定論已。而其「主敬」「存誠，」誠得孔孟心法，以爲治學之功夫。程伊川亦以「主敬」爲主體，並以「窮理」爲作用。曰：「入道莫如敬。」曰：「君子之遇事，無巨細，一於敬而已矣。」又曰：「所謂敬者，主一之謂敬；所謂一者，無適之謂一。」其源出自太極圖說言：「主靜立人極。」伊川易靜而言敬，故曰「敬則自虛靜，不可把虛靜喚做敬。」周敦頤釋主靜曰：「無欲故靜」又通書曰「一爲要。一者，無欲也。」夫無欲卽靜，而一卽無欲，是無欲卽謂敬，伊川之於濂溪，固淵源一貫歟？而「窮理」之說，取諸大學之格物、致知。曰：「格、猶窮也，物、猶理也。猶曰窮其理而已矣」又曰：「窮理卽是格物，

·国学概要·
龙门联合书局
一九四七年版

格物即是致知。」準是以言，「心」「性」「理氣」之說法，二程固有異。程顥主張「氣一元論」，已如上述，而伊川卻注重在理，曰：「心也，性也，天也，一理也。自理而言謂之天，自稟受而言謂之性，自存諸人而言謂之心。」又曰：「在天爲命，在物爲理，在人爲性，主於身爲心，其實一也。」此主張「理一元論」者。綜二人之學說，明道所主較廣闊，且不廢釋老書；伊川所守甚方嚴，屏除老子亦不道。明道不著書，伊川著有易傳四卷，門人合二子之講說錄之，是爲「語錄」。

（三）關學派　張載，字子厚，鳳翔郿縣橫渠鎮人。少喜談兵，范仲淹見而異之，授以中庸一編，遂幡然志於學。求諸釋、老者多年，乃返求之六經。後從二程學，甚深於易，著有東銘、西銘、正蒙、理窟、易說等。其學也尊禮貴德，樂天知命。以易爲宗，以中庸爲體，以孔孟爲法。正蒙十七篇，上則天道，下則人事，明則品類，幽則鬼神，大則經訓，小則物名，無不闡述，要以得於易者爲多，所言不出陰陽變化之理。理窟一書，創爲變化氣質之說。蓋橫渠以爲人性有二元，一曰「天地之性」；一曰「氣質之性」。曰：「人之剛柔緩急，有才有不才，氣之偏也。天本參和不偏，養其氣，反之本而不偏，則盡性而天矣。」此以變化氣質，而復其天賦之善性，殆折衷於孟子性善，荀子性惡之說。程朱復加以推闡，益燦若日星。西銘，程門以之教人。西銘之旨，首以乾坤體性，率性之教也；極於窮精知化，事天之功也；結以存順沒寧，知命之學也。東銘不傳。

以上北宋之三大學派。至於南宋理學，有張南軒，名栻，呂東萊，名祖謙，朱晦庵，陸象山等。除陸別樹一幟，餘皆出於洛學。而學說最昌盛者，惟朱陸兩家，茲略述於左：

（一）閩學派　朱熹，字元晦，一字仲晦，徽州婺源人。以生於閩之尤溪，曰閩學。晚年卜築於閩之建陽考亭，故人稱考亭先生。又因其父松讀書於徽州歙縣紫陽山上，後居閩之崇安，遂榜廳事曰「紫陽書室，」後人又稱爲朱紫陽。宋寧宗慶元六年卒，年七十一。著有易本義、詩集傳、大學中庸集注、論語孟子集注、楚詞集注辨證、編次有孟子指要、中庸輯略、孝經刊誤、小學書、通鑑綱目、宋名臣言行錄、家禮、近思錄、伊洛淵源錄諸書。夫朱子之理學，是集周張二程之大成。理氣之說，發於伊川，而朱子則主張「理」「氣」二元，其言曰：「天地之間，有理有氣。理也者，形上之道也，生物之本也。氣也者，形下之器也，生物之具也。人物之生，必稟此理，然後有性；必稟此氣，然後有形。」又曰：「理氣雖屬二物，而未嘗相離，雖不相離，然終各爲一物。大抵天地萬物，以理爲本，而其生生不已，則皆氣爲之用。理卽太極，氣卽陰陽，形質則如五行。然五行，一陰陽也，陰陽，一太極也，言氣言質，理卽在其中。」蓋融貫周之太極、無極，與程之理一分殊，而立說也。至其性說，一本其「理氣」之論，曰：「天地間只有一個道理，性便是理。人之所以有善有不善，只緣氣質之稟各有清濁。」其分爲天命之性，與氣質之牲，與橫渠、伊川，蓋無二致。而其治學功夫，則爲「窮理」與「居敬。」曰：「學者工夫，唯在「居敬」「窮理」二事，此二事互相發生。能窮理，則居敬工夫日益進；能居敬，則窮理工夫日益密。」又曰：「爲學之道，莫先於窮理；窮理之要，必在於讀書；欲窮天下之理，而不卽經訓史册以求之，則是正牆面而立爾，此窮理所以必在乎讀書也。」

黃梨洲曰：「自周元公（敦頤）主靜，立人極開宗；明道以靜稍偏，不若專主於敬，然亦唯恐以把持爲敬，有傷於靜，故時時提起。伊川則以敬字未盡，益之以窮理之說，而曰：「涵養須用敬，進學則在致知，」是則揭出各家之面目。而朱子少而魯鈍，專用困學功夫，又以爲窮理，猶涉空泛，乃益之以讀書。綜周子以至朱子之學說，由靜而敬，由敬而窮理，由窮理而讀書。至朱子而宋學之組織大備。至於別樹一幟而與朱子對立者，有陸象山。

·国学概要·
龙门联合书局
一九四七年版

(二)江西學派　陸九淵，字子靜，號存齋，江西撫州金溪人。講學於象山，故學者稱象山先生。卒於宋光宗三年，年五十四。著有語錄四卷，象山全集三十二卷。考學派者，謂其源出程門，然子靜最不喜程伊川，謂與孔孟不類。其學以「自悟」「自得」爲主。其於『心』之說，謂「此心本足，無待外求。」伊川謂「性卽理，」而象山易之爲「心卽理。」橫渠謂「天地之塞吾其體，天地之率吾其性。」象山易之曰：「宇宙便是吾心，吾心便是宇宙。」孟子言：「心之官則思，思則得之，不思則不得。」而象山則「言心而不言思。」晦庵斥象山爲禪，實則象山自有其異禪處。象山不言性，獨以「心」與「理」爲主，其融會儒、佛，亦自成一說也。總之，宋儒各家之學，未嘗離禪，而亦未嘗卽禪，固非象山爲然。至若與晦庵壁壘相對者，呂東萊嘗約朱陸會講於江西之鵝湖寺，二人所論多不合。兩先生旣歿，弟子各尊其師，互攻甚烈，於是朱陸異同，遂爲理學界一大問題。大抵晦庵主經驗，象山主直覺。朱主「道問學，」陸主「尊德性。」朱主敬，求實踐；陸主靜，重領悟。朱教人格物致知，陸言卽心卽理。朱重客觀而主於歸納；陸重主觀而主於演繹。此其大較也。惟陸不喜著書，有勸之者，則曰「六經註我，我註六經，」可知陸是唯心論者也。

其居間調協朱陸論學之不合者，有呂東萊，名祖謙，嘗與朱熹同輯近思錄，亦傳程門之學者。惟少時性褊愎，後因病中讀論語「躬自厚而薄責於人」句，遂終身無暴怒。其規朱熹曰：「爭較是非，不如斂藏持養，」可見其學養之深。傳有東萊學派。與之相近者，有永康、永嘉之學。永康之學曰陳亮，稱龍川先生。才氣超邁，喜談兵，勵志讀書，所學甚博，大抵主於致用。自孟子以下，惟推王通。其與朱熹書，有「義利雙行，王霸並用」之語。永嘉之學，創於薛季宣，號艮齋，嘗師袁溉，溉於學無不通。季宣旣得其傳，則學極淹博，大抵主經制以求事功，故當時與永康並目爲功利之學。此與程朱相成而相反者也。其主居敬窮理，與朱子同。有張栻者，字敬夫，又號南軒，學於胡宏，亦伊川之遺緒，特朱重窮理，張主居敬，爲小異耳。

元以蒙古入主中華，學術衰落。其延理學一脈者，有許衡、劉因、吳澄三人。許劉篤信程朱，吳則兼朱陸而折衷之。

明代理學復振，首推方孝孺，以道自任。惜死於「靖難之變」，其學不傳。繼之者有薛瑄、曹端、吳與弼，後有胡居仁、陳獻章、婁諒，皆能篤守程朱之學。及王陽明出，遂爲有明一代之宗。

姚江學派　王守仁，字伯安，浙江餘姚人。曾築室陽明洞中，故稱陽明先生。其學初悟「格物」「致知」之旨，致力於紫陽，繼出入於佛老。獨表章陸學，亦主張「心卽理也」之旨。其治學之方，主張「知行合一」。既講「知行合一」，則講「良知」，更講「致良知」。故陽明之學以此三者爲天下倡。其稱「心卽理」之說曰：「夫物理不外於吾心，外吾心而求物理，無物理矣。遺物理而求吾心，吾心又何物耶？」既是講求物理卽求「知行合一」，故又曰：「知是行的主意，行是知的功夫；知是行的始，行是知的成。」「知之眞切篤實處卽是行，行之明覺精察處卽是知，知行功夫本不可離。」夫知者何？曰良知。引孟子之說曰：「是非之心智也。是非之心，人皆有之，卽所謂良知也。」又根據「心卽理」之說曰：「未發之中，卽良知也。無前後內外而渾然一體者也。」又曰：「心之本體，卽天理也。天理之昭明靈覺，所謂良知也。」既良知矣，乃求致良知之說曰：「知其爲善，致其知爲善之知，而必爲之，則知至矣。知其爲不善，致其知爲不善之知，而必不爲之，則知至矣。」傳習錄中言良知之義頗緊要，與佛氏覺性之說相近，故當時人目之爲禪。要知陽明之同於佛者，爲「心卽理」之心；而異於佛者，又在「心卽理」之理耳。其論致知之說，又與朱子不合。朱子以格物而致知，陽明則以致知而格物，一從致知入手，一從格物入手，此陽明所以異於紫陽也。陽明著有詩文集、五經臆說、大學古本旁釋，並其門人所輯之傳習錄。弟子有王龍谿、（畿）王心齋（艮）鄒東廓（守益）

清代治宋學者初有黃梨洲、顧亭林。繼有孫夏峯（奇逢、）李二曲（顒、）陸桴亭（世儀、）湯潛庵、（斌）陸稼書、（隴其）顏習齋；（元）而黃近陸王；顧陸近程朱；孫湯兼朱陸；陸專法晦庵。而皆墨守成規者也惟攻擊朱熹之學者，有顏元、李顒二人。顏元主講漳南書院其學主於忍嗜欲，苦筋力勤家養親，以其餘習六藝講世務。大抵源出姚江學派，著有存性、存學、存世、存人四編。李顒刻苦獨學，經史百家，無不通曉。關學自張載後，幾於衰絕。而李能尊禮貴德，樂天知命，以易爲宗，以中庸爲體，以孔孟爲中心。關學至此而復振。晚年講學富平，學者日至，與富平李因篤、郿縣李柏，稱「關中三李」。

玆以宋、元、明、清理學家之相互與傳流，列表於左：

濂溪學派——周敦頤受自胡瑗、孫復，傳洛學派之二程，

洛學派
- 二程受自濂溪，傳關學派之張載，閩學派之朱熹，東萊學派之呂祖謙。再傳至元朝有許衡、劉因。
- 明朝有胡居仁、陳獻章、婁諒。清朝有顧亭林、陸桴亭。

關學派——張載受自二程，傳至清朝有李顒。

閩學派
- 朱熹集周張二程之大成。傳至元有許衡，劉因，吳澄。明有胡居仁，陳獻章，婁諒。清有顧亭林，陸桴亭，陸隴其，孫夏峯，湯斌諸人。

江西學派
- 陸九淵之學，考學派者謂其源出自程門，然最不喜伊川，而別樹一幟。傳至明有王陽明，清有黃宗羲，孫夏峯，湯斌。

姚江學派——王陽明受自陸九淵，傳清有黃宗羲，顏元。

·国学概要·
龙门联合书局
一九四七年版

第四編　文學

第一章　概述

文學之意義　說文云：「文，錯畫也。」釋名云：「文者，會集衆彩以成錦繡，會集衆字以成辭義，如文繡也。」左傳云「言之無文，行之不遠。」此爲「文」之解釋。而「文學」二字，初見於論語「文學，子游、子夏。」繼見於史記、漢書有「彬彬多文學之士。」但論語所謂文學指六經而言。及後世之文學範圍愈廣，文學之體類愈繁，則有廣義與狹義之分。所謂廣義，則如章太炎謂「以文字著於竹帛。」舉凡一切學術書籍，皆謂之文學。此太泛無界說矣。所謂狹義者，要以涵有眞摯之情感，高超之思想，讀之能使人引起快感；且具有藝術之懿美，聲調之鏗鏘者，乃謂之文學。但古今中外，言人人殊，迄難有眞確之定義。

文學之起源　先有語言而後有文字，亦先有文字而後有文學。在未有文字以前，如伏羲有網罟之歌，神農有豐年之詠，葛天氏有闋，伊耆氏有蜡辭，此雖經後人考證而未可盡信，但如朱子云：「有欲則不能無思，有思則不能無言，言所不能盡而發於咨嗟詠歎之餘者，必有自然之音響節奏而不能已。」班固云：「哀樂之心感，而歌詠之聲發。」蓋以人爲有情感之動物，有情感即不能遏止，自然發爲詠歎之辭，以紓其欲焉。此文學關於有情感也。及既有文字以後，如堯時有擊壤歌，舜時有卿雲歌，亦職是之故。特無文字之組織，藝術之裝潢者，謂之「歌謠」，或先於文字，或後於文字。而有文字之組織，藝術之裝潢者，謂之「詩歌，」後於文字者也。夫人之情感，既發爲有韻之文；而日常生活，逐漸繁衍，則不能無記載，以傳於時，以播於地，則記敍文爲最需焉。記敍文者，無韻之文，散文也。故散文之最早者爲記事文，如黃帝時即有史官，尚書首有二典，此可徵也。而人類之生活日繁，其思想亦日進，有思想即不能無理論，理論所以促進社會，批評政治，改善人生者也。故記言者爲尚書，記事者爲春秋，而同時有周秦諸子之作，此理智之文，亦散文之妙用也。綜是而言，先有語言，而後有文字，有文字而後有文學，有文學而後先有有韻文，繼有無韻文，此大較也。

文學之因素　夫文學爲人生之反映，時代之表現。人類生活，因時代與環境或政治之變遷而不同，則文學之表現，亦因之而殊異。人生有苦樂，時代有治亂，環境有優劣，則形成某一時期文學之特色。今試以「新文化」之崛興言之，蓋由於前清末造，外侮日深，國勢衰弱，一試以康梁變法，再試以辛亥革命，而結果國體雖改，錮習積弊，依然存在。於是憂時之士，進而謀政治、社會、文化、人生、思想之革新，以期改造，始致力於西方文化之輸入。此則「民五」以來，所謂「新文化運動」是也。倡此說者，有胡適、陳獨秀等，以文學革命爲旗幟；以社會、道德、思想之改進爲目的；以西洋之科學與民治爲趨向，以實驗主義爲入手之方法。至於「民八五四」之學生運動，而新文化之潮流，遂達極高點矣。即溯諸前代言之，如楚有騷，漢有辭賦，六朝有駢文，唐有詩，宋有詞，何一莫非時代之趨勢，人生與環境爲其因素也。

文學之分類　溯文學之分類，始見於孔門「四科，」有文學一科。七略有詩賦一略。梁任昉文章緣起分八十三題。蕭統文選強分四十一類，後人病之。劉勰文心雕龍之分類，較爲備體，而文章至南朝，愈重詞采，將「文」「筆」

·国学概要·
龙门联合书局
一九四七年版

強分爲二，劉勰曰「今之常言，有筆有文。」蓋以無韻者爲筆，有韻者爲文也。至淸姚鼐古文辭類纂分十三類，而不入經、史、百家。曾國藩則易爲十一類，而名曰經、史、百家雜鈔，符其實矣，但仍爲廣義之文學也。故中國文學，可概分爲有韻文與無韻文兩大綱。有韻文則包括詩、賦、頌、讚、哀、誄、銘、箴（無韻者入款識）詞、曲、彈詞、歌謠等。小說雖無韻，而抒情述意，其因素亦屬文學。至無韻者，除經、史、子外，包括學術文，史傳文，公牘文，典章文，以至散文各體。

第二章　歷代文學之流變

夫文學之產生，以時代、政治、社會、人生爲因素，前既言之；而此四者時伏動盪，久而改變，則文學亦從之而易觀。且中國文學，三代、秦、漢以後，創作者少，因襲者多，其因襲亦改換面目，另闢途徑，前人旣已登峯造極者，後人欲勝過之而不可能，則柳暗花明又一村矣。其內相猶是，而外象易形耳。善夫顧亭林曰：「三百篇之不能不降而楚辭，楚辭不能不降而漢魏，漢魏之不得不降而六朝，六朝之不能不降而唐也，勢也。詩文之所以代變，有不得不變者。」故讀文學史者，宜知歷代文學之流變。準顧氏之言，中國一切文學，雖時代悠邈，而皆發源於詩經。梁啓超曰：「六經皆政教之書，無文學之可言，有之惟詩經。」蓋詩爲古代之民歌，發於人情之正，所謂「國風好色而不淫，小雅怨誹而不怒，」抒情率意，發爲自然之聲，因聲成文，便於「永歌，」乃成韻矣。故其功用，如孔子謂「詩可以興，可以羣，可以怨，多識於鳥獸草木之名，」洵亘古不移之定論也。詩旣感人之深，其流變（一）爲楚騷。三百篇詩以黃河爲中心，而屬於北方文學，故無楚風。楚則有騷，騷爲南方文學，爲國風之變體。詩言志，騷言情，詩則質直；騷則纏綿，故史遷屈原賈誼列傳謂騷「自怨生也。」遷又謂「屈平疾王聽之不聰也，讒諂之蔽明也，邪曲之害公也，方正之不容也，故憂愁幽思，而作離騷。離騷者，猶離憂也。」是騷之作，爲其時代、政治、與人生之反映矣。且詩皆短篇，爲詩體；騷爲長篇，爲賦體。詩則比、興、賦、三體分開，騷則三體迭見，融爲一爐，故楚騷爲風詩之變體，亦卽詩經一變而爲楚騷也。自有楚騷，浸潰人心，沿及炎漢，首能紹屈宋之風規，開兩漢文苑之辭賦者，厥惟賈誼。誼之人生與所遭際，與屈原同，故史遷有屈原賈誼列傳，其惜誓上接楚辭，鵩鳥賦彷彿卜居，影響所及，人皆競尙「楚聲。」後有漢武帝以及吳王濞，梁孝王武，淮南王安，莫不網羅辭賦之才，司馬相如其首選也。前漢辭人，以政治之淸明，有恢閎之風度，故能樸茂沈深，豪放雄宕，猶有創作之風。至於東漢政策惟求保守，人心惟知趨承，其文氣息寖弱，競尙奢侈，學則恪守章句，文則摹仿成風，如揚雄其最著者也。但由兩漢辭賦而變爲六朝之駢文者，則王褒其先河者也。褒自居於狎臣而不恥，所幸輒爲歌頌，如聖主得賢臣頌，斧藻潤色，一以排偶出之，已開六朝駢儷絢爛之風，誠以東晉偏安，國勢蜩螗，思想習於佛老，文辭安於雕琢，亦時代之所趨歟?而薰染旣深，流風未墜，降及李唐，以賦取士，遂專以平仄爲諧，對偶爲工，去古益遠矣。自唐有陸贄以駢體而述事，杜牧以有韻行散文，（如阿房宮賦）漸改律賦之體格。趙宋繼起，賦家雖少，而如歐陽修之秋聲賦，蘇軾之赤壁賦，以散文之法，用之於賦，別創一格，所謂「散賦，」亦謂之「文賦。」凡斯所述，宋之文賦，唐之律賦，六朝之俳賦，漢之古賦與楚之騷賦，皆爲詩之賦體之流變。而詩有「詩式，」大部四言，且其聲韻，有一句一韻者，有間句用韻者，又有換韻者。雖以國別之有殊，疆土之分異，詠歎因之而不同，而皆發於天籟，固亦古代北方民歌之特色也。然四言之境，亦遂盡於葩經。漢魏以降，雖有仿效之者，而不得其意味，與之代興者爲五言詩。詩多一字，則情易盡，意易顯，吟咏有致，此漢代樂府古辭中，多五言之作，如古詩十九首，蘇李河梁贈別詩，深情綿密，羈感蒼涼，遂開五言詩之宗風矣。漢魏以五言詩爲極盛（七言詩尙少）南北朝時雖猶是五言古體，而塗飾雕琢，眞意日漓，其

·国学概要·
龙门联合书局
一九四七年版

故固由於駢文吟風弄月之筆，亦由於沈約發明四聲，爲詩者專注意於聲律，不復有古詩之音節矣。唐承六朝之後，益嚴其格律，工其對偶，近體詩於以新製，乃有「古體」「今體」之分，而各有五七言之別，其質之美，其量之多，爲詩學之淵海，宋人已不能及。宋詩固非正宗，而有淸新者，有生硬者，亦別開蹊徑，欲以單師制勝者也。故由「詩式」一變而爲漢魏之五古，再變而爲唐宋之今體，此又詩之疆域之流變也。然詩三百篇，孔子所刪訂以合樂，季札聘魯觀樂，乃知詩有風、雅、頌，可知詩經乃周代樂章之總集。風騷遞嬗，民間歌謠，猶可合樂。故漢武帝時，李延年採趙代秦楚之謳歌爲「新變聲」，於是樂府始立。自後由樂府制定之詩歌，稱爲樂府，如漢武命司馬相如作郊祀歌十九首，是爲樂府。由是詩與樂分，詩可吟咏，樂府被於管絃。經魏晉南朝，益加流行，新聲日衍，至唐竟以絕句入樂。後又有人取古樂府題作「長短句」，名曰「擬樂府」，又曰「新樂府」，而未必能入樂也。唐以詩勝，「樂府詩」祇一變名。而詩境已窮於唐，宋人不能繼其盛，乃轉而爲詞，詞樂府之遺也。徐釚詞苑叢談云「塡詞原本樂府，菩薩蠻以前，追而溯之，梁武帝江南弄，沈約六憶詩，皆詞之祖，前人言之詳矣。」又詞綜序云「自有詩而長短句卽寓焉，南風之操，五子之歌是已。周之頌三十一篇，「長短句」居十八；漢郊祀歌十九篇，「長短句」居其五，至短簫鐃歌十八篇，篇皆「長短句」，謂非「詞之源乎？」是則詞起於「長短句」。綜是二說觀之，詞變自樂府，而樂府出於三百篇者。宋王灼碧雞漫志云「隋以來，今之所謂「曲子」者漸興，至唐稍盛，今則繁聲淫奏，殆不可數。古歌變爲古樂府，古樂府變爲今曲子，其體一也。」蓋宋人讌集無不歌詞以侑觴，而不協以舞蹈，及詞變爲「散曲」，歌舞始漸相兼，於是由宋之「散曲」進而爲元之雜劇，再進而爲傳奇，是則後代之樂府、詞、曲，亦導源於詩經。故欲知中國文學之流變，當自詩經窮其流也。茲列表於左：

·国学概要·
龙门联合书局
一九四七年版

詩經—楚騷—古賦—俳賦—律賦—散賦
　　—漢魏古體詩—唐宋今體詩
　　—樂府—詞—曲

第三章 歷代之散文

第一節 三代之散文

散文始於記事，進而說理。如尙書、春秋，記言記事之文；周秦諸子，說理之文，前既言之。則三代之文，至今傳者，當以六經諸子爲始。而尙書於文學之價值，亦極顯著。如夏政尙忠，其辭多雄渾，觀禹貢一篇，卽可知也。殷政尙質，其辭多簡明，觀盤庚一篇可知之。周政尙文，故其文辭多婉曲丁寧之意，觀牧誓一篇可知之。揚子雲云：「虞夏之文渾渾爾；商書灝灝爾；周書噩噩爾。」蓋其樸茂質直，莊重嚴肅之特性，非後世所能，亦有關於世風者也。韓愈云「周誥、殷盤，詰屈聱牙。」此以後人之語言，讀古人之文辭，固宜覺其文理深奧，言語艱澀，不易誦讀。況古代之文，初與言語無甚離異，如二典多當時之語音辭、語助辭，後人以時間空間之所隔，宜乎可解而不可解也。及至周、秦，文字之用，日多而純利，語言之傳，日廣而淸晰，且思想日益精銳，理知日益開張，宜乎其文恢奇駿快，各逞其致。如論語文與孟子文相較，則渾厚與雄辯不同矣。此誠有關於世風也。他若莊墨荀韓諸子之作，有奇詭恣肆者，有率直平易者，有精銳深入者，各極其工，要皆爲散文家之圭臬。試卽以三傳之文言之，如范武子云「左氏豔而富，其失也誣；穀梁淸而婉，其失也短；公羊辯而裁，其失也俗。」崔伯直云：「左氏失之流，公羊失之險，穀梁失之迂。」此雖有一時一地之殊異，要亦見其文學與心思之不同。亦猶諸子之文各逞其工，已開後代百川之流脈。故後之爲散文者，咸欲出入於經、史、百家，遺其粗而掇其精耳。

第二節 漢魏之散文

前漢之文，無論散文、辭賦，跡近周、秦，縱橫之風猶存，閎博之度未墜，故能汪洋恣肆，樸茂沈深，其豪放雄宕，揮灑自如之氣，可賅一代。而於告語文爲最夥，論著、記述之專篇則較少，可知秦漢以上之散文，率取諸實用者也。舉例於左：

告諭文——高帝入關告父老。 爲義帝發喪告諸侯。

詔令文——高帝求賢詔。 文帝求直言詔。

制策文——文帝策賢良文學。 武帝策賢良制三首。

遺書——文帝遺南越王趙佗書。 光武遺公孫述書。

報書——武帝報前將軍李廣利書。 元帝報隗囂書。 司馬遷報任少卿書。 楊惲報孫會宗書。 臧洪答陳琳書。

奏疏——賈誼陳政事疏。 請積粟疏。 鼂錯請貴粟書。 賈讓治河奏。 匡衡政治得失疏。

上書——賈山至言。 鼂錯上言兵事。 路温舒上尚德緩刑書。

對策文——鼂錯賢良對策。董仲舒賢良天人三策。
封事文——張敞上霍氏封事。劉向極諫外家封事。
章表文——蔡邕戍邊上書。
奏記文——馮衍奏記鄧禹。班固奏記東平王蒼。
移文——劉歆移讓太常博士。
檄文——司馬相如檄邊蜀父老。
難——司馬相如難蜀父老。
答難——東方朔答客難。
訓誡文——班昭女誡。蔡邕女訓。
祈告文——傅毅高闕祈文。蔡邕代帝告遷都。
弔祭文——賈誼弔屈原文。蔡邕弔屈原。
哀讚文——蔡邕悲温舒文，胡夫人哀讚。

而尤以歷史文爲特殊之貢獻，如司馬遷之史記，與班固之漢書。子長之史記，創造者也。孟堅之漢書，因襲者也。遷少喜遊，經世久，爲一意氣慷慨之士。其創作難，史才絀，故不免時有疏略。固經世短，史材富，故其書明敏詳贍，以鍊見長，與遷之飄逸、疏爽、不軌一途者異也。卽以史記一書言之，其項羽本紀、李將軍傳、屈賈列傳，其喑啞叱咤之氣，低徊往復之致，讀之令人流涕興感。伯夷、管晏、孟荀、老莊諸傳，錯綜變化，幻若登仙，其飄逸者也。商鞅、伍胥、蘇張、范蔡、

·国学概要·
龙门联合书局
一九四七年版

田樂、廉藺、李斯、淮陰諸傳，縱橫激盪，凌厲無前，其沈雄者也。刺客、游俠、信陵諸傳，輕死生，重然諾，其慷慨激昂者也。滑稽、佞幸諸傳，突梯滑稽，如脂如韋，而時有微言婉諫，又其疏宕者也。至其描寫人物，又不失其個性。有漢一代文章之能開闔動盪，生氣蓬勃者，惟史記一書而已。故以文論，則取史記；以史論，則取漢書。至於魏有曹氏父子三人。曹操爲亂世之英雄，勇往超邁，故其文豪放，如天馬行空，不稍羈靮。曹丕繼承漢禪，養尊處優，一變其父沈鷙雄桀之氣，而爲便娟委約，徘徊俯仰之情，與吳質書，可以知之。曹植以八斗之才，遭奪儲之忌，一生不遇，而頗欲戮力上國，流惠下民，故其作意氣崢嶸，慷慨雋爽也。其他惟諸葛亮之出師表而已。

第三節 唐宋之散文

魏晉以降，文尚雕琢，辭尚華靡，整齊綺麗，相習成風，至南北朝爲極矣。唐承六朝之後，物極必反，固當有復古之運動。而唐初文章已有三變：一變於四傑（王勃、楊烱、盧照鄰、駱賓王）再變於陳子昂、燕許二公（張說封燕國公，蘇頲封許國公）三變於元結、獨孤及。先韓愈、柳宗元而提倡復古者，已有陳子昂與元結。至貞元、元和之際，韓柳繼起，倡爲先秦之文，與李翺、李觀、張籍、皇甫湜等相應和，遂挽回「八代之衰」（東漢、魏、晉、宋、齊、梁、陳、隋、）古文之名，於是以始。故李唐一代之文學，上而收束由周至隋之舊時代，下而啓迪由唐至淸之新時代，爲中國文學史上一大轉捩時期。即以散文言之，韓氏所以負山斗重望者，不唯其文章主復先秦，尤在其尊儒衞道，自任以道統之重。實則文章主以氣馭詞，長短奇偶，純任自然。與之同時而友善者有柳宗元。茲以二人之文章言之，韓愈之文縱橫，以雄渾見勝；柳氏之文縝密，以雋潔見勝。韓多原經而論理；柳則原史而敍事。韓文以碑誌爲多；柳文以游記爲長，於斯二人

·国学概要·
龙门联合书局
一九四七年版

可概其餘矣。五代繼唐，干戈擾攘，歲無寧日，文學除詞而外，殊無足道。宋繼其後，初猶沿襲五代之風，如楊億、劉筠之文，組織工緻，聲韻相諧。至歐陽修出，乃矯時習，主張恢復古文，繼起者有三蘇父子兄弟、曾鞏、王安石輩。先已有范仲淹、宋祁、司馬光爲之應和，遂擴大其流，橫掩一世。又時值以策論取士，經義取士，散文益尚焉。故宋代文體之變遷，前期爲振古之氣運，後期肇時文之軌跡矣。歐陽修之文，平淡紆徐而豐潤，又長於詩詞，著有新唐書、新五代史、毛詩本義、集古錄、六一居士集、六一詩話、六一詞。曾鞏文本六經，斟酌於史遷與韓愈，有元豐類稿。王安石行新法，性強忮，文亦拗折峭深，有臨川集。蘇洵之文，得力於戰國策，遊京師謁歐陽修，上權書、衡論二十二篇，修賞之，由是著名。蘇軾爲文，嘗自謂「如行雲流水，初無定質，但當行於所當行，止於所不可不止。」而得力於孟子者也。有東坡志林、東坡全集、東坡詞。蘇轍生性沈靜簡樸，爲文汪洋澹泊，有龍川志略、欒城集。及明唐順之選韓愈、柳宗元、歐陽修、曾鞏、王安石、蘇洵、蘇軾、蘇轍八家之文，茅坤最心折之，遂取八大家文加以批評，刊行於世，號曰唐宋八大家文集。而以蘇轍列於韓柳之林，昔人已譏其不倫矣。

第四節　明清之散文

遼金元以外族入主中夏，語言文字，皆感隔閡，除元以曲著稱外，其他文學，均極消沈，而一脈相傳之正統古文，更不可振。入明，遂趨向於復古。當時文人，以受「八股取士」之影響，養成模擬因襲之風。故明代詩文，陷溺於復古而不能自振，且開門戶之見，意氣之爭矣。明初文章家有劉基、宋濂、方孝孺三人。劉基之文，高標風格，變元季之頹風。宋濂之文，取材富，持論正，醇深敷腴，當時名公鉅卿之碑碣，多出其手。方孝孺之文，雄秀豪快，絕類大蘇，燕王篡位，被誅。成祖以楊士奇、楊榮、楊溥三人，久在臺閣，朝廷高文典册，多出其手，博大昌明，雍容閒雅，而出以歌舞之聲，謂之「臺閣體」。及後膚淺無生氣文風大衰。遠至嘉靖有王慎中、唐順之、歸有光三人，號曰「嘉靖三大家」，爲文都仿唐宋，與「前後七子」立於對峙地位。（前後七子見下第六章第四節）王爲文初主秦漢，後悟歐曾爲文之法，一意師仿，尤得力於曾子固，文極典碩，有遵巖集。唐初見愼中崇拜歐曾，不服其說，後乃從之，益肆力於古文，洸洋紆折，與王齊名。歸氏之文，其義法森嚴，開清代「桐城派」之先河。爲明代之文宗。又有茅坤者，與唐友善，乃選唐宋八大家文鈔。有玉芝山房文稿。至於「八股文」，始於宋王安石之經義，至明遂爲應制科之一律體式，又曰「制義」，又曰「時文」。題材取名於四子書，而輔以五經。太祖以此考試，本欲使一班文人鑽研於聖賢書中，無暇再作反對政治之論調，而士子果入其彀中而不覺。滿清因之，直至清末乃廢。股者，對偶名也。天順以前，敷衍傳註，或對或散，初無定格。成化以後，乃以反、正、虛、實、淺、深立格，「八股」之制，於以始矣。

清以滿族入關，提倡文章學術，牢籠民心，如經學、考據、訓詁皆卓越超邁，爲前代所不及。而明代遺民，又復寄志於學，不僅學術發達，即散文亦大盛。初有明季遺老，湖廣之王船山，江浙之顧亭林、黃黎洲，世稱「清初三大家」。繼其後者有侯方域、魏禧、汪琬。紀曉嵐云：「禧才雜縱橫，未歸於純粹；方域體兼華藻，稍涉於浮誇；惟琬學術既深，軌轍復正。其言大抵原本六經，與二家迥別。」及乾隆之際，突起文壇，而爲一代之正宗者爲「桐城派」。此派初祖爲歸有光。及清，傳其爲文之義法，而卓爲一宗者，則方望溪、戴名世。一傳而爲劉大櫆，再傳而爲姚鼐。鼐弟子徧天下，當時有云：「天下文章盡在桐城矣。」其文兼采義理、考據與詞章，而爲文之道，曰：「神、理、氣、味，文之精者也；聲、色、格、律，文之粗者也。」自是古文義法，講之愈精，而英氣瑰詞，汰之愈盡，文遂等於偶象虛車，索然無生氣。章學誠已有古文十弊一篇，可知其後流弊矣。方望溪名苞，安徽桐城人，以理學自命，爲文近師歸有光，上法韓歐史記，以義法爲重，有望溪集八卷。劉大櫆，桐城人，文法望溪，有海峯集八卷。姚鼐字姬傳，桐城人，稱惜抱先生，受文法於劉大櫆，爲學主兼漢宋，久主東南各大書院，弟子如劉開、姚椿、梅曾亮、管同、而私淑者有曾國藩，序述「桐城」流派，稱爲文章正軌，極推崇姚姬傳，至列入聖哲畫像。曾之後有吳敏樹、張裕釗、吳汝綸、黎庶昌。清季有嚴復，字幼陵，福建侯官人，留學英國海軍，歸國後，譯哲學如天演論、羣學肄言，皆用古文筆，爲灌輸西洋文化之先鋒。又有林紓，字琴南，福建閩縣人，著有畏廬文集，譯小說百數十種，以茶花女與迦茵小傳最著名，用古文筆法，憑人口述，斯亦非易，亦介紹西洋文學之先鋒者也。其在乾隆時與「桐城」別樹一幟者爲「陽湖派」，有惲子居、張皋文二人。惲子居名敬，陽湖人，著有大雲山房文稿八卷，其論事得力於韓非、李斯，其敍事則仿效班固、陳承祚。張皋文名惠言，武進人，爲文法韓歐，而深於經，著有茗柯文編。而陽湖派亦出於劉大櫆，皆法唐、宋，特桐城謹守家法，有曾國藩爲之提振，而名益彰，而勢亦大。陽湖派則才華較開放矣。後有汪中、龔自珍、王闓運、康有爲等，亦古文者也。

第四章 辭賦

賦本爲詩之一體。傳曰：「不歌而誦謂之賦。」班氏曰：「賦者，古詩之流。」劉勰曰：「賦者，舖也。舖采摛文，體物寫志也。」朱熹曰：「賦者，敷陳其事而直言之。」是賦爲舖張揚厲之文也。又爲詩之一體，周末詩亡，始成獨立。故劉勰又曰：「六藝附庸，蔚爲大國。」賦體始於戰國，屈原、荀卿俱以賦名。荀卿有成相篇，乃三百篇之變體；賦篇有禮智雲蠶箴五賦，皆設詞狀物，有類隱語，爲後世物賦之祖，此爲北方之賦而質直者也。屈原離騷諸篇，言情爲重，爲南方

·国学概要·
龙门联合书局
一九四七年版

之賦而婉約者也。兩漢辭賦，出自楚騷，故是章以楚騷始。

第一節　楚騷

文心雕龍辨騷篇云：「自風雅寢聲，莫或抽緒，奇文鬱起，其離騷哉。」屈原，楚人，其作離騷，史遷云：「猶離憂也」言屈原離楚而有憂之文也。屈原以楚懷王「不知忠臣之分，內惑於鄭袖，外欺於張儀，疏屈平，而信上官大夫、令尹子蘭，兵挫地削，亡其六郡，客死於秦，爲天下笑」，乃賦離騷。夫騷，詩之變體，前既言之。詩經爲詩體，故短篇；騷爲長篇，故賦體；詩則比、興、賦三體分列，騷則三體融爲一爐。詩多率情抒意，騷則多託於美人香草以寄意。詩爲中原之文學思想，除人事外，訴之於天，絕無神祕意味。而騷則多言巫師、山鬼，此殆胚胎於楚人尙巫之風。凡此四者，騷變自於風詩也。王逸論騷曰：「離騷之文，依詩取興，引類譬喻。故善鳥、香草，以配忠貞；惡禽、臭茹，以比讒佞；靈修、美人，以喻君國；宓妃、妖女以譬賢、輔；虬龍、鸞鳳，以託君子；飄風、雲霓，以爲小人。其詞溫而雅；其義皎而朗，凡百君子，莫不慕其清高，嘉其文采，哀其不遇而愍其志焉。」史遷謂「屈原既歿，楚有宋玉、唐勒、景差之徒，皆好爲辭賦，祖述原意，然皆雍容詞令，不如原之極諫。」景差賦未詳，唐勒賦四篇，宋玉賦今所傳者，有高唐賦、神女賦、登徒子好色賦、風賦、諷賦、大言賦、小言賦、九辯之屬，是則以賦名篇者，始於宋玉。若屈原之作，有離騷、九歌、九章、天問、遠游、卜居、漁父等二十五篇（遠游以下，或出後人擬作。）皆未以賦名。夫楚騷者，祇指屈原離騷。楚辭則係漢劉向集屈原、宋玉、嚴忌、鄒陽、東方朔、劉向、王褒之徒，各有模仿離騷之作，共成十七卷，謂之楚辭。後漢王逸爲之章句。此則楚辭與楚騷之別，因幷及之。

第二節　兩漢魏晉之古賦

·国学概要·
龙门联合书局
一九四七年版

夫「古賦」者，後人指對六朝之「俳賦」而言，亦猶「古體詩」指對「今體詩」而言，「古文」對於「駢文」而言也。漢賦，又謂「大賦，」亦對於六朝之「小賦」而稱。夫漢勝於賦，人皆知之；漢賦之出於騷，前既言之。而其所以勝者，離騷非但辭采之盛，藝術之殊，而其忠君愛國之心，足以激發楚人。故楚人有言曰：「楚雖三戶，亡秦必楚。」及後亡秦族者，皆託於楚。後楚漢之際，好爲「楚聲，」如項羽拔山之歌，劉邦大風之歌，唐山夫人房中之樂，皆「楚聲」也。由是賈誼惜誓，上接楚騷；鵩鳥之賦，仿彿卜居，開「古賦」之始矣。且章學誠曰：「辭賦家者，縱橫家之流亞也。」縱橫家以言辭而舖張揚厲；辭賦家以文辭而舖張揚厲。漢承秦後，縱橫之風猶存，閎博之度未墜，如陸賈在漢高時爲說客，其賦雖不可見，而班志詩賦略列其賦爲第二。故漢初好爲「楚聲，」此由於時代也。漢賦既由賈誼導其源矣。誼固洛陽少年，具有建設之才，以不得志於時，放逐江南，作弔屈原文以自悲。江南卑濕，自度壽命不永，又爲惜誓及鵩鳥賦以自廣，而卒夭死。其惜誓、鵩鳥賦，能紹原玉之風規，開兩漢文苑之精英矣。及後吳王濞、梁孝王武、淮南王安，皆好辭賦，縱橫之士，如鄒陽、嚴忌、枚乘、司馬相如之徒爲最盛。武帝尙辭賦，其時如枚臯、嚴助、朱買臣、東方朔、吾丘壽王、終軍之輩，俱以文學進，此爲上有所好，下必有甚焉者也。而以司馬相如立漢賦之正宗。相如在梁嘗作子虛賦，及被徵更續爲上林賦，假託「子虛子、」「烏有先生，」「亡是公」三人，以陳天子游獵之盛，而卒歸於節儉，以諷諫，未亡詩人諷諭之義。漢武好神仙，乃奏大人賦，武帝讀之，自以爲飄飄有凌雲之氣，游天地之間。在梁，嘗有美人賦。及居蜀，陳皇后失寵，使人求作長門賦，卒被親幸。又有哀二世賦。班志傳其賦有二十九篇，以子虛、上林及大人爲最。至於枚乘之七發，設爲問對之辭，歷陳事類以盡意，遂於九歌九章以外，別創一格，爲後世所稱，而實換宋玉招魂、淮南招隱之面目。班志有其賦九篇。嚴忌悲屈原忠貞不遇，爲辭曰哀時命，班志有其賦二十四篇。東方朔作答客難以自嘲，又有七諫，非有先王論。至於漢武亦擅文辭，班志有其賦二篇，而悼李夫人，則情致茂密，猶楚辭之遺音也。總之，前漢詞賦，汪洋恣肆，樸茂沈深，其豪放雄宕，揮灑自如之氣，可賅一代。至於東漢，學則恪守章句，文以侈麗相尚，氣息寖弱，摹仿成風，如相如之追屈原，而揚雄則擬相如而已。雄之文雖宏麗，而如甘泉賦、校獵賦、長楊賦，皆擬相如之子虛上林而廣之。又有反離騷、廣騷；而以劇秦美新一文，受百世之訾詬。作太玄以擬易經，作法言以擬論語；作州箴以擬虞箴，又是其晚年精力之所至。班固既修史職，兼能詞賦，感相如之徒，造構文辭，終以諷諫，乃上兩都賦，盛稱洛邑之美，以折西賓淫侈之論。感東方朔之客難，揚雄之解嘲，亦作賓戲以自通。又以相如封禪，靡而不典；揚雄美新，典而不實，又作典引篇，敍述漢德，蓋亦祖其父王命論之遺風焉。志鬱道滯，併倣離騷，作幽通賦以自暢，其他如銘、誄、頌、書之屬，凡四十一篇，大抵皆有所模擬。而張衡兩京，又陳陳相依矣。自枚乘創七發，而有東方朔七諫、傅毅七激、張衡七辨、崔駰七依、崔琰七蘇、馬融七廣、曹植七啓，文選謂之「七林，」且立一體。故總東漢一代之作風，直一規模前人，氣不足以舉其詞也。惟王褒與揚雄俱蜀人，亦自居於幸臣而不恥，所幸輒為歌頌，有聖主得賢臣頌斧藻潤色，一以排偶出之，已開六朝駢儷絢爛之端。故駢賦胚胎於漢，誕育於魏晉，而發達於南朝。茲於次章述之。

第三節　六朝之佛賦

俳者，辭偶而意諧也。亦謂之「駢賦，」對於漢之「古賦」而言。又謂之「小賦，」言其選題多狹小也。又謂之「物賦，」謂其多賦物也。如鮑照蕪城賦、謝惠連雪賦、謝莊月賦、江淹恨賦、別賦、庾信小園賦、枯樹賦、哀江南賦，其最著者也。其辭美情深，引人入感，雖無大家風度，亦有美感者矣。

第四節　唐宋之律賦與文賦

律賦者，有程式之賦也。新巧以製題，險難以立韻，課以四聲之切，幅以八韻㊀之凡，起謂之「破題」，承謂之「領接，」送迎互換其聲，進退遞新其格。李唐製之以取士也。「文賦」者，古文之有韻者也。歐陽修、蘇東坡多有之。論者謂律賦尚辭而失於情，故讀之者無興起之趣，不可以言則。「文賦」尚理而失於辭，故讀之者無詠歎之音，不可以言麗，此至論也。如歐陽修秋聲賦，蘇軾赤壁賦，雖未嘗無至理深情，而聲色之美，亦已差矣。

註釋：

㊀八韻　兩句一韻，共十六句。

第五章　駢文

駢文，有用韻與不用韻之別，雖不用韻，而語句協調，以助文章之唱歎。自東漢王褒有聖主得賢臣頌，以排偶出之，先開六朝駢文之風。文人相習成風，六朝人雖於書札中，亦復出以「駢體」此駢文獨於是時爲盛也。況六朝時代，政治紛亂，人生頹廢，老莊佛教，既有權威；六經禮法，又遭毀棄，於是當時作風，接近自然，而爲超凡之文學。且適會聲韻之學，自西徂東，益助文章之詠歎，於是駢文爲一世之正聲，幾不知復有散文矣。

第一節　六朝之駢文

·国学概要·
龙门联合书局
一九四七年版

六朝駢文之盛，已如上述。斯時有所謂「永明體㊀」者，更研聲律，汝南周顒，吳興沈約等準音韻，用宮商，以「四聲」制韻，不可增減，世呼為「永明體」。遂有「四聲」「八病㊁」之論，務為音律之諧，而其中心人物，竟陵八友也。竟陵王蕭子良者，齊武帝第二子，有詞客八人：曰謝朓，曰任昉，曰沈約，曰陸倕，曰范雲，曰蕭琛，曰王融，曰蕭衍，為一時之領袖。其他如南朝之謝靈運與其弟惠連，顏延之，徐陵；北朝之溫子昇，庾信，王褒亦最著者。而徐與庾俱為梁人，為文綺麗，世稱為「徐庾體」，實則徐不如庾。

註釋：

㊀永明　齊武帝年號。

㊁八病　八病者(一)平頭，(二)上尾，(三)蜂腰，(四)鶴膝，(五)大韻，(六)小韻，(七)旁紐，(八)正紐，釋之於左；

(一)平頭——第一字不宜與第六字同聲，第二字不宜與第七字同聲如(今)(日)良宴會，(歡)(樂)難具陳。一說句首二字，并是平聲，如(朝)(雲)晦初景，(丹)(池)晚飛雪。

(二)上尾——第五字不得與第十字同聲，如西北有高(樓)，上與浮雲(齊)。

(三)蜂腰——第二字不得與第五字同聲，如聞(君)愛我(甘)，竊欲自雕(飾)。一說第三字不得與第七字同聲，如徐步(金)門旦，言(尋)上苑春。

(四)鶴膝——第五字不得與第十五字同聲，如新裂齊紈(素)，皎潔如霜雪，裁為合歡(扇)，團圓似明月。

(五)大韻——五言詩兩句中除韻外，餘九字不得有字與韻犯，如(胡)姬年十五，春日獨當(壚)。

(六)小韻——五言兩句中除韻外，餘九字有自相同韻者，如薄帷鑒(明)月，(清)風吹我襟。

(七)旁紐——雙聲同兩句雜用，如(田)夫不知(禮)，(寅)賓(延)上坐。

(八)正紐——我本(漢)家子，來(嫁)單于庭。

第二節　唐宋之駢文

駢文多用偶語，其以「四六文」稱者始於唐代，所謂「駢儷」是也。唐初「四傑」一曰、王勃，二曰、楊炯，三曰、盧照鄰，四曰、駱賓王，已開「四六」之風。及武后時有號爲「文章四友」者崔融、李嶠、蘇味道、杜審言，最工駢儷，沈佺期、宋之問亦皆本四傑。而燕國公張說、許國公蘇頲，（燕許大手筆）一變徐庾之綺麗於妃青儷白之中，運單行散體之筆，故唐文自「四傑」而一變，至「燕許」而再變矣。踵其後者，有張九齡與陸贄，議論篤實，情詞悱惻，一掃紛華，不見排偶之跡，故能自成一家也。至於「三十六體㊀」之李商隱，人比之「獺祭魚」，組織雖工而格則卑矣。北宋歐陽修之秋聲賦，蘇軾之赤壁賦，雖見深情至理，而辭采聲調，亦幾失矣。南宋之洪邁、洪括、孫覿等，專以善用成句屬對見長，而麗密則已遜矣。

註釋：

㊀三十六體　李商隱，溫庭筠，段成式三人，皆行第十六。

第三節　明清之駢文

明代駢文，本無生色，而有爲之者，亦步趨前軌而已。清初有陳維崧、毛奇齡，駢文最工。尤西堂亦多俳體。乾隆以後，胡天游、洪亮吉、汪中，繼有袁枚等，瑰奇博麗，聲色斐然，直可超兩宋而軼六朝，是不可以不識之。

第六章

·国学概要·
龙门联合书局
一九四七年版

詩歌之創始，莫先於頌美自然，讚歎神道，而用於祠禱者也。蓋詩歌與宗教同源，如禮記郊特牲所傳之伊耆氏蜡辭，爲上古農人之祝詞，此信而可徵者也。其他上古詩歌，雖未可盡信，而如孔子删詩，於商則祇存商頌，亦可知古詩出於讚歎鬼神者矣。由歌而詩，蓋詩有文字之組織，歌則里巷之吟唱，前既言之，而詩經爲古詩之總集，又爲後代一切文學之策源，則言詩不可不始自詩經。

第一節　詩經

詩之意義，及詩經之由來，與其「六義」「詩式」，已於經學中言之，茲不復贅。而言之未盡，有關於文學者，茲一述之。王士禛漁洋詩話云：「詩三百篇眞如化工之肖物。如燕燕之傷別，籊籊竹竿之思歸，蒹葭蒼蒼之懷人，小戎之典制，碩人次章寫美人之姚冶，七月寫閭閻之致，遠歸之情，遂爲唐人、六朝之祖。」此修詞之美也。鄭衛風中率多男女戀愛之詩，後人以爲刺時之作，孔子存之，未嘗無刺時之意。詩歌宜抒情率眞，方不失其天趣，此其情韻之美也。句法固以四言爲式，亦間有三言、五言、六言、七言以至九言者。至其聲韻，有一句一韻者，有隔句一韻者，有換韻者，又有全篇不用韻者，要皆出於古代北方語言之天籟，此其句韻之美也。總之，其取材與造句已盡善盡美，故春秋韻文，莫不導源於詩，或乃詩之變體。如春秋時役謳輿誦，固近於風，即尋常致祝，亦體近於詩。晉侯、齊侯之「投壺」，倉卒致詞，何一莫非雋語。成周以降，鑄鼎、銘功者，行文雖類於尚書六誥，而亦有以勒銘，如古之箴戒者，亦導源於詩也。至秦猶沿其風，李斯之刻石文，多爲四言，猶詩之遺也。「四言」之境，既窮於詩，故漢魏而五言矣。

第二節　漢魏南北朝之詩與樂府

·国学概要·
龙门联合书局
一九四七年版

五言詩之作，以漢魏爲極盛。其始也，風騷遞歇，民間歌謠，間作是體。及李延年采趙代秦楚之謳，爲「新變聲」，樂府成立。樂府古辭中遂多五言之作，如江南可採蓮、烏生八九子、陌上桑之屬，爲民間歌謠之創始也。西漢之作，初有枚乘，如古詩十九首中有「青青河畔草」、「西北有高樓」、「涉江采芙蓉」、「庭中有奇樹」、「迢迢牽牛星」、「東城高且長」、「明月何皎皎」諸篇，玉臺新詠㈠謂爲枚乘所作。其次則蘇武李陵河梁贈別之作，深情綿密，羈感愴涼，爲「五言詩」之創始，亦開「五言詩」之宗風矣。至七言詩，漢代無通篇七言者，如安世房中樂歌，七言者祇兩句，司馬相如郊祀歌十九首，七言者十句，惟漢武帝柏梁臺聯句，前人謂爲七言詩之創始，又爲聯句之宗祖，但有疑爲後人僞託者。有之惟魏文帝之燕歌行，可謂七言之正體，然亦屬於「樂府詩」，故漢代無純粹七言之詩也。五言詩，逮及東都，作者益衆，魏晉之際，尤臻極盛。曹操之詩，概成叱嗟之間，不假推敲之力，有嗚咽叱咤之風，無風流閒雅之致，觀乎短歌行、苦寒行，可以知之。曹丕繼受漢禪，養尊處優，一變其父沈鷙雄桀之氣，而爲便娟、委約、徘徊、俯仰之情，其燕歌行爲絕唱也。曹植以八斗之才，遭奪儲之忌，其作意氣崢嶸，慷慨雋爽，無柔媚之態，爲詩則一變古風。蓋古詩不假思索，而子建則起調常工；古詩不假烹鍊，而子建則用字必整；古詩節奏天然，而子建則平仄諧協。其寫情詩，如棄婦篇、七哀詩，悽楚欲絕矣。此詩至建安㈡而一轉，古今之風會也。夫「建安七子」者，魯國孔融文舉、廣陵陳琳孔璋、山陽王粲仲宣、北海徐幹偉長、陳留阮瑀元瑜、汝南應瑒德璉、東平劉楨公幹，多爲魏武父子所引用，世稱「鄴下七子」，以王粲爲冠。其詩爲「建安體」。而王粲之七哀詩，說者謂杜甫之三吏、三別所由蛻化也。至於晉之太康㈢，已變正始㈣玄學之習向，欲返於建安之風度。但漢魏之詩，多起於患難流離之際，情動於中，自然傾吐，故意勝於詞。晉人則不然，耽於恬安娛樂，自必鏤肝琢肺，研聲律，務工巧，故織密而少氣骨，秀整而乏精神，專於造詞矣。擬古之詩，有陸機擬古詩十二首，傅玄，張載各有四愁詩，而陸機之擬古詩，與張協之雜詩，則多複筆，非復建安單複幷作，斯文體日趨於駢偶矣。三張者張載、張華、張協兄弟也，以協爲最。協之七命，體仿前人，而造語工雋；詠史詩，詞采尤茂，惟造意則遜。二陸者，陸機、陸雲兄弟也。世稱「雲間二陸」。機著作最富亦最佳，其詩鍾嶸㈤列入上品，連珠㈥五十首尤爲「四六文」之濫觴。兩潘者，潘岳、潘尼叔姪也。以岳爲最，才藻妍麗，辭氣清綺。上承建安之遺風，下啓太康之新聲，尤工於哀情詩，如悼亡詩等，詞氣悽惋，令人惻然嗚咽，爲其獨得之妙。一左者，左思、字太冲，初作齊都賦，一年而成，後作三都賦，㈦構思十年既成，洛陽爲之紙貴。其詠史詩，號爲千古絕唱，駕潘陸而上之。

晉初詩人，阮籍富於情感，目擊司馬氏篡位後，政治濁亂，君子道消，因賦詠懷詩八十二首，頗得小雅怨誹之旨。郭璞之遊仙詩，假神仙以寓其高曠之懷，亦阮籍之流亞也。

晉末，篤生一詩人陶潛，爲「義熙㈧文學」之代表，與謝靈運幷稱，而謝爲「元嘉㈨文學」之代表。陶則自然率眞，謝則有意雕琢，陶詩，五言絕妙，眞氣磅礴，外似平淡，內則豐腴，一反建安以後之琢磨。其想像超脫，造語新雋，爲中國自然詩人之宗。詩如歸田園居、飲酒、移居、讀山海經；文如五柳先生傳、文如歸去來辭，洵天地間有數名作也。謝靈運好游山水，刻畫獨具會心，其長在新，在雋，昔人謂其詩「如出水芙蓉」，然不及陶之自然矣。鮑照之詩，杜甫許爲俊逸，其行路難七言古，實開李杜駿爽之風。而沈約發明「四聲」爲詩，專注意於「聲」「病」，失古詩之風。與謝幷稱者，又有顏延之，喜爲對偶，舖錦列繡，則不如謝。

齊詩有謝朓，字玄暉，曾爲宣城太守，故稱謝宣城。對謝靈運，亦稱「小謝」。其詩清逸秀嚴，爲李白所推重。自沈謝講求駢偶，精妍聲律，開律詩之風。梁陳之作者，莫不宗承之，專力於形式、格律。如何遜格律之嚴；陰鏗竟成律體。徐陵

·国学概要·
龙门联合书局
一九四七年版

豔詩最著，庾信詩亦清新。惟梁武帝之西州曲、河中之水歌、東飛伯勞歌、皆不尚雕琢，氣體高騫，誠一時之俊傑也。

樂府　歌謠之興，昉於二代。及周之盛，多以入詩，故歌謠每爲風詩之原料也。周衰，詩亡樂廢，而歌謠未嘗絕也。特春秋以前，其被採而播諸絃者，章句整齊而合於樂奏，此所以能合樂也。如屈原九歌，即能合樂之歌矣。及秦火樂譜失，漢興，其歌猶沿「楚聲，」惟其不純，有雜三言、四言、七言者，如安世房中樂，孝惠命夏侯寬備其簫管，已爲漢代樂府之肇始矣。武帝多立天地諸祠，欲造樂，命司馬相如等作頌，命李延年爲協律都尉，而立樂府。延年乃作「新變聲，」所作謂之曲。有作自詞臣者，有採諸民間者，如安世房中樂，猶詩中之雅也。郊祀等歌，猶詩中之頌也。盧江小吏妻，羽林郎、陌上桑等篇，猶詩中之風也。特風體，尤爲發達。歌詞既多採自民間，而所用之樂器，亦有不同，率爲胡樂，有短簫鐃歌，橫吹曲，相和曲諸種。其最長之歌，有盧江小吏妻，描寫焦仲卿與劉蘭芝愛情不自由之慘狀，凡千四百四十五字，實我國敍事詩之最長者，亦雅俗共賞之作。作者姓名不傳，要爲漢魏間之作品矣。魏晉以下，郊祀宗廟，則有特製。其外雖名樂府，而不必施之於樂，蓋取樂府古題，相與詠歌，或爲之辭，或擬其體，此固樂府之別支，與古樂章迥異。所謂「樂府體古詩」是也。漢魏人最工爲之。但六朝樂府歌辭，有南北之區異。北音之鼓吹曲，已無繼續者。橫吹曲卻盛行於北方，相和歌辭，流入於南方，而與南方音樂化合者，有清商曲辭。此辭，數量最多者，推吳聲歌曲與西曲歌辭，爲第一流之優美文學也。吳聲歌曲爲吳越文學，其來源，一方承襲中原流入之舊曲，一方採取民間之新調，初爲徒歌，後乃譜入管絃，是曲抒情哀苦，意味浪漫，其有時代可考者，爲宋高祖時之丁都護歌、宋少帝時之華山畿也。而最著名者，爲子夜歌，相傳晉有女子名子夜者，造此聲，極哀苦。後人更爲四時行樂之詞，因謂之子夜四時歌。又有大子夜歌、子夜警歌，子夜變歌，皆變體也。陳後主之春江花月夜，玉樹後庭花等曲，又如懊儂曲，亦爲吳聲歌曲也。西曲歌則爲荆楚文學，如石城樂、烏夜啼、莫愁樂、潯陽樂、三洲歌、折揚柳、采桑度等，皆是也。其特色，則在描寫商人別離之情，而影響於白居易之琵琶行也。北曲與南曲相反，南曲寫兒女情懷，北曲寫英雄本色，表情則爽直，非如南人之委婉纏綿。北曲中如折楊柳歌，折楊枝歌，捉搦歌，淳于王歌，地謳樂歌等，皆抒情之民歌也。今存梁之鼓角横吹曲，內有木蘭詩及析楊柳歌，其未採入樂府，而抒情最悽惻悲惋者，爲北魏胡太后之楊白花歌。此南北朝樂府之大概也。

註釋：

㈠玉臺新詠　梁簡文帝爲太子時，好作豔體詩，晚年欲改作，追之不及，令徐陵選梁以前之詩爲玉臺集十卷。

㈡建安　後漢獻帝年號。

㈢太康　晉武帝年號。

㈣正始　魏廢帝年號。

㈤鍾嶸詩品　鍾嶸梁朝人。著有詩品三卷。列古今五言詩，自漢魏以來一百有三人。分爲上中下三品，每品之首，各冠以序，開後世詩話之風。

㈥連珠　文體之一，辭麗而言約，不指說事情，必假喻以達其指，而覽者微悟。欲使歷歷如貫珠，故云。據北史李先傳，始於韓非子。班固、賈逵等仿其體而爲之。

㈦三都賦　魏蜀吳之都。

㈧義熙　晉安帝年號。

㈨元嘉　南宋文帝年號。

第三節　唐宋之詩

上章所言「永明體」之沈約、謝朓，爲詩，講求駢偶，研究聲律，已開律詩之風。而律詩之體制，尙未成立。至唐初「四傑」及沈佺期、宋之問諸家出，乃刻意韻調，於是「八句四韻」之律體始具矣。再至杜甫諸大作家，律詩始發達，故唐宋詩體有「古體詩」「今體詩」之分。「古體詩」卽漢魏之五七言詩；「今體詩」卽唐代始創五七律，幷由律中變出之五七絕，又謂之「截句」。五古非唐所長，「七言歌行」以盛唐爲正。樂府以李白爲工。今體（又曰近體）在盛唐之際，以氣格勝。中晚之間，以意致勝。此大較也。而唐詩之盛，據全唐詩所收錄者，有詩人二千二百餘家，詩四萬八千九百餘首，斯已極矣。唐詩分爲「初唐」「盛唐」「中唐」「晚唐」四時期。自唐開國至玄宗開元爲「初唐」；自開元至代宗大歷爲「盛唐」；自大歷至文宗爲「中唐」；後至唐末爲「晚唐」。茲據此四時期分述之。

「初唐」——唐初承六朝餘風，詩尙豔麗。當時佔詩壇之權威者，首推「四傑」。繼之者有沈佺期、宋之問，約句準篇，如錦繡成文，律詩體式，乃臻完備。而如陳子昂之感遇三十八首，意境高邁，不尙華詞。張九齡亦有感遇詩十二首，注重意境，開「盛唐」之風氣。其與沈宋同時者，有「文章四友」曰李嶠、曰蘇味道、曰崔融、曰杜審言。又有「吳中四士」者，曰賀知章、曰包佶、曰張旭、曰張若虛。賀以七絕稱，張以「春江花月夜」名。

「盛唐」——詩至盛唐，已登峯造極。其間有詩仙者李白，詩聖者杜甫出焉。兩人性情，李近浪漫；杜主篤實。兩人境遇，杜則遭安祿山之亂，流離奔走，困厄以終；李則貴妃捧硯，高力士脫靴之風流才子也。李以醇酒美人，送其生涯；杜以悲天憫人，消其日月。李出世，杜入世。李得天才，杜富學力。故李之詩飄逸空靈，如「天馬行空」，不受羈勒。杜之詩，沈鬱雄奇，悲壯豪邁。李有南方之特性，杜表北方之氣質。各擅其長，未易軒輊。兩人固氣誼相投者也。他若高適、

·国学概要·
龙门联合书局
一九四七年版

岑參之雄勁悲壯，善寫邊塞情景。王維、孟浩然、韋應物之寄志山林，描寫自然，亦能別樹一幟者也。

「中唐」——此時期之詩人，首爲「大歷十才子」。據新唐書文藝傳所載盧綸、吉中孚、韓翃、錢起、司空曙、苗發、崔峒、耿湋、夏侯審、李端。其見於他書者，又有不同。姑就此十人言之，善爲五言詩，結交唱和，馳名都下，皆研鍊字句，力求工秀，不復有盛唐渾厚之氣，然亦自能淸雅圓利。故詩至中唐，爲由闊大而纖小，由雄奇而秀美之分水界。而以元白爲此時期之一壁壘。據唐書元稹傳，謂「稹尤長於詩，與白居易名相埒，天下傳誦號「元和體㊀」」又據唐國史補，謂「元和以後，爲文筆，則學奇詭於韓愈；學苦澀於樊宗師；歌行，則學流蕩於張籍；詩章，則學矯激於孟郊；學淺切於白居易；學浮靡於元微之；俱名爲「元和體」。」然則元和體固不僅於元白兩家。惟元白二人交誼最篤，當時詩人唱和之多，無踰於此二人者，而各有詩集，曰「長慶集㊁」。元之詩，能播之樂府，當時宮中妃嬪，都喜誦之，號曰「元才子」，特其才輕浮，好爲豔體。白之詩，雖老嫗能解，言人之所欲言，文詞朗暢，但少含蓄，善寫社會情形，民生疾苦，爲社會文學家也。又有與白齊名者，曰劉禹錫，作風之穩，與白氏相近，世亦稱「劉白」。其與此三人對壘者，有韓愈，亦與白同學杜者，但一得其奇險，一得其平易，判然不同。韓詩魄力固厚，然好爲奇險，不能妙造自然。柳宗元詩，遠祖淵明，以閒適淸勁爲主。出於韓門者，有孟郊、賈島，以孤冷著。後有李賀，尤奇異峻拔，號爲「鬼才」，皆喜用奇字，押險韻者也。

「晚唐」——海內紛亂，盛唐風氣，漸形衰落，乃由寫實方面，而返趨六朝之唯美主義。其中以李商隱與溫庭筠爲傑出，且并稱，人皆目爲「晚唐豔體」詩之領袖。李爲宋代楊億、劉筠、錢惟演奉爲「西崑體㊂」之祖。四庫全書提要謂「庭筠多綺麗脂粉之詞，而商隱感時傷事，尚不失風人之旨。」其實商隱始倡爲無題詩，言情寫愛，別開蹊徑，特「獺祭」過多，時病晦澀。溫則詞藻豐腴，性靈已薄，惟詞則溫獨步江東，宜爲花間集之祖也。此外有一佼佼者曰杜牧有豪蕩之氣，近似老杜，故稱「小杜。」其他如韓偓、段成式以豔詩名，香奩一集，詞曲家寢饋以之。以平易見稱者，有杜荀鶴、聶夷中、羅隱，寖開宋派矣。

詩境至唐代已窮，宋人乃攻爲詞，於是五代之詞，遂爲宋人推衍盡至，然宋亦別開生面，清新、生硬，爲其所能，而非詩之正宗矣。宋初之詩，沿晚唐餘習，如楊億、錢惟演、劉筠等，祖述李商隱，號曰「西崑體。」其材博贍，其詞精整，不善學者，流於浮豔。寇準、林逋等學「晚唐，」號「晚唐體。」而王禹偁、徐鉉等學白居易，又號「白體。」此三體中，以「西崑體」爲最盛。昔人評爲「以漁獵掇拾爲博，以儷花鬭果爲工，嫣然華麗而氣骨不存」矣。及歐陽修起，欲革新詩體，梅堯臣、蘇舜卿繼起而矯其弊。蘇軾、黃庭堅又繼之，遂開宋詩之體格。歐陽修七言古，雄深雅健，如廬山高、明妃曲，所自負者也。東坡詩出入李杜韓，能自成其豪邁開朗之一派。遊於蘇門能詩者，有秦觀、張耒、晁補之、陳師道等。而能與蘇對壘者，僅一黃庭堅，爲「江西㈣詩派」之祖師。山谷詩喜用古典，一言一句，戛戛生新，東坡嘗論之曰「魯直詩文，如蝤蛑、江瑤柱，格調高絕，盤餮盡廢，然不可多食，多食則發風動氣。」後人多宗之，至今未沫。然生硬晦僻，亦大病也。「南渡」之初，有葉夢得、陳與義者，仍未脫「江西派」之窠臼，至大詩家陸游出，其清新刻露之思，運以圓潤敷腴之筆，自成一格。後人以配東坡，并稱「蘇陸。」其律詩無多，古體沈雄悲壯，有老杜遺風，彌足稱也。他若范成大、楊萬里之奇峭清新，亦成南宋之詩格。陸游尤善寫自然景物，與楊范并爲田園詩人也。

註釋：

㈠元和　唐憲宗年號。

㈡長慶集　元稹、白居易之詩文集，俱題長慶。長慶係唐穆宗年號。

·国学概要·
龙门联合书局
一九四七年版

㈢西崑體　西崑謂西方崑崙羣玉之府。相傳爲古帝王藏書處。宋楊億與劉筠、錢惟演等倡和之詩，以李商隱、溫庭筠爲宗，名爲西崑酬唱集。後稱學溫李者爲西崑體。

㈣江西詩派　呂居仁作江西詩社宗派圖、宗派之祖爲黃庭堅，其次陳師道，凡二十五人，居仁其一也。

第四節　元明清之詩

元以蒙古民族，入主中原，舊文學，如詩、文、詞、賦、不足媲美於前，而除宋之宗室趙子昂以淸奇麗逸著名外，有四大家如虞集、楊載、范梈、揭傒斯。

明代一切文學，趨於復古之一途，絕無創新之特長，且多各體、各派，大啓門戶之爭。卽以詩言，一如元代，作者雖多，鮮有可稱。初以劉基、高啓最著名。高啓與楊基、張羽、徐賁稱爲「吳中四傑」。詩派如劉基倡「越詩派」；林鴻倡「閩詩派」；孫仲衍倡「嶺南詩派」；孫崧倡「江右詩派」。而袁凱以白燕詩著，人稱爲「袁白燕」。弘治以後，李東陽爲相，詩文典雅流麗，號「臺閣體」，此首倡爲唐宋文者。李夢陽、何景明繼之而起，更進一步主張秦漢之文盛唐之詩，是爲「弘正㈠七子」（前七子）之首領。七子者，係李夢陽、何景明、邊貢、徐楨卿、康海、王九思、王廷相也。至嘉靖㈠又有「後七子」（嘉靖七子）者，李攀龍、王世貞、謝榛、宗臣、梁有譽、徐中行、吳國倫等，亦皆主張盛唐之詩也。而徐禎卿與祝允明、唐寅、文徵明，又稱「吳中四子」。其反對前後七子者有「公安體」，曰袁宗道、宏道、中道兄弟三人，詩文以淸眞爲主，其末流於空浮。又有「竟陵體」者，曰鍾惺、曰譚元春。至陳子龍，詩格較高，洵明末一大家矣。

淸代文化超邁於明，詩文昌盛，作者亦多，而派別之分，殆有明代之餘習。初有錢謙益、吳偉業、龔鼎孳爲開山之

·国学概要·
龙门联合书局
一九四七年版

祖，號「江左三家。」吳以圓圓曲誦稱不墜。後有施潤章、宋琬，時人稱「南施北宋。」王士禛倡「神韻，」彼以爲宋詩質直無生趣宜興會神到意在言表。所作秋柳詩傳誦一時。與之齊名者有朱彝尊才不及王而學則過之。反對王者，有趙執信主「聲調。」乾隆時，袁枚主「性靈，」同時翁方綱主「肌理，」沈德潛主「格調，」蔣士銓長於敍事，趙翼則善諷諫，黃景仁則才氣豪放，鄭板橋則提倡通俗。是爲中期詩學全盛時代也。淸末，又爲宋詩之運動，如何子貞、曾國藩、陳三立等。黃遵憲以新思想入詩，自成一格。又有王闓運之摹六朝，樊增祥之用典綺麗，易實甫之才氣縱橫，亦一時之選也。

第七章　詞

詞出於樂府、徐釚詞苑叢談云：「塡詞原本樂府，菩薩蠻以前，追而溯之，梁武帝江南弄，沈約六憶詩，皆詞之祖，前人言之詳矣。」有謂起於「長短句，」詞綜序云「自有詩而長短句卽寓焉。南風之操，五子之歌，是已。周之頌三十一篇，長短句居十八；漢郊祀歌十九篇，長短句居其五，至短簫鐃歌十八篇，篇皆長短句，謂非詞之源乎？」又有謂「詞卽詩餘，」宋翔鳳云「謂之詩餘者，以詞起於唐人「絕句，」如太白之淸平調，被之樂府；太白憶秦娥、菩薩蠻、皆詞之變格，爲小令之權輿。旗亭畫壁賭唱，皆七言絕句。後至十國時，遂競爲長短句，自一字兩字至七字，以抑揚高下其聲，而樂府之體一變，則詞實詩之餘，遂名「詩餘。」」綜此三說，樂府本有「長短句，」故前章謂樂府變而爲詞、樂府固被樂，詞亦合樂，且有譜矣。兪彥云：「六朝至唐，樂府不勝詰曲，而「近體」出。五代至宋，詩又不勝方板，而「詩餘」出。唐之詩，宋之詞，甫脫穎而傳遍歌者之口。」此可徵矣。故製詞曰塡詞，塡者，依樂譜而塡字，又曰「倚聲」，言其體式則有三調：有將同樣調子重疊者，曰「雙調」；不疊者，曰「單調」；雙調後段之首，換去者曰「換頭」；亦有將完全不同之格式重疊者，亦有多至三疊四疊者。因而字句不一，而有「小令」、「中調」、「長調」之分。據詞律以五十八字以內者爲「小令」；五十九字至九十字爲「中調」；九十一字以上爲「長調」。而最少者曰「十六字令」，最短者十四字，如竹枝；最長者如鶯啼序，計四疊，共二百四十字。言其性質，爲抒情，以清新婉曲爲正宗，而豪邁放曠如北派者，則變格也。

詞濫觴於唐，滋衍於五代，造極於兩宋，茲先自唐述之。

第一節 唐及五代之詞

詞既爲樂府之變體，而樂府始於漢。當時古樂已亡，其歌辭如鼓吹曲、橫吹曲、所用之樂器，皆來自外族者，謂之「新聲樂府」。至隋唐而漢晉樂府又亡，所用樂器，則胡夏幷用。唐十部樂中，爲中國本土之音者，僅淸商曲辭所遺之清樂而已。天寶之時，乃以絕句協律，然樂曲本長，以絕句欲求節奏之和協，不得不於字間加散聲，於句間插和聲，以爲救濟之方。迨審音既熟，乃以曲譜爲基礎，散聲和聲俱塡以實字，由是五、七絕句，句法遂有長短，如李白清平調，則七言絕句；菩薩蠻始破五七言之體，憶秦娥則以七言雜三四言矣。故菩薩蠻、憶秦娥，爲詞曲之祖，亦詞之始於唐也。後有張志和之漁父五首，韋應物之三臺、調笑諸詞，王建之三臺、調笑十首，白居易之憶江南、長相思、楊柳枝、竹枝、浪淘沙諸詞，劉禹錫之竹枝辭等詞。及至溫庭筠，始稱一代之大詞家，婉約風致，宜乎其冠花間集也。（集載詞五百首，後蜀趙崇祚編。）

·国学概要·
龙门联合书局
一九四七年版

五代以「小詞」爲優勝，詞人都在長江上下游，其避亂遷居蜀中者，有韋莊、牛嶠，遂開蜀中詞壇之先聲，詞多思鄉傷感之作。而居留中原者，則爲和凝。其時君主，則有後唐中宗李存勗、南唐二主李璟、李煜、蜀主衍、後蜀主孟昶，而以李後主煜集五代之大成，馮延己次之，韋莊又次之。後主詞半承家學，其父中主璟本工「小詞」，又經國破家亡之禍，宜其哀豔動人，獨步千古，至今讀其「自是人生長恨水長東」「流水落花春去也，天上人間」「問君能有幾多愁，恰似一江春水向東流」諸句，莫不盪氣迴腸，傷感欲絕矣。馮延己詞，清新蘊藉，與後主異曲同工，陽春詞百餘首，爲世所稱。韋莊詞清而豔，不同溫庭筠之濃豔，有浣花集。近人王國維曰：「畫屏金鷓鴣，飛卿（庭筠）語也，其詞品似之；弦上黃鶯語，端己（莊）語也，其詞品亦似之。」後唐莊宗李存勗，知音，能度曲，有如夢令、一葉落等詞。和凝歷仕五代，人呼爲「曲子相公。」牛嶠有詞數十首。毛文錫以巫山一段雲詞最著名。牛希濟有臨江仙、女冠子，傳誦於世。前蜀主王衍有甘州曲、醉妝詞著名。後蜀主孟昶有木蘭花詞。南唐中主李璟有應天長、望遠行、浣溪紗著稱。後主李煜詞冠五代，有南唐二主詞輯本行世。

第二節　宋代詞

宋之詞，猶唐之詩，盛極一世。上自帝王將相，下至樂工伎女，莫不能詞。且五代之詞，止於吟風弄月，懷士傷離，節促情殷，辭纖韻美。入宋則由令化慢，由簡而繁，情不囿於燕私，辭不限於言語，而寄忠愛之心矣。北宋詞家，可分三時期言之：初期人物如寇準之江南春，韓琦之點絳唇，宋祁之玉樓春，范仲淹之御街行、蘇幕遮，司馬光之西江月，王安石之桂枝香，歐陽修之六一居士詞，晏殊之珠玉詞集（中以浣紗溪、玉樓春、清平樂、踏莎行最著。）張先之安陸詞集（先與柳永齊名，曉音律，能自度「新聲」由同調之令詞，增衍成慢。其名句有天仙子中「雲破月來花弄影」一句。）等，仍沿花間集與南唐一派之抒情詞。中期人物爲柳永、（永、初名三變，字耆卿、官至屯田員外郎，亦稱「柳屯田」）少好狹邪遊，善爲歌詞，凡有井水處，皆能歌誦柳詞。有樂章集，中以雨零鈴中「楊柳岸曉風殘月，」爲最著，詞極纏綿婉約）蘇軾、（詞極豪放，一反婉約之致。有東坡樂府十二卷。其著名者爲念奴嬌，一名大江東去，與水歌調頭。）秦觀、（詞婉麗近柳，有淮海詞，以滿庭芳、江城子出名。）黃庭堅（有山谷詞二卷）等。吹劍續錄曰：『東坡在玉堂日，有幕士善歌，問我詞比柳耆卿如何？」對曰「柳郎中詞，只好十七八女孩兒，按執紅牙板，歌「楊柳岸曉風殘月。」東坡詞須關西大漢，執鐵綽板，唱「大江東去。」』於此可見柳永係南詞婉約；蘇軾係北詞豪放之兩派。但此二人皆注意於慢詞也，初期人物，多用舊調，此期中多能自創新調者。初期諸大家，多非音律家，而此期之柳永深通音律，多作慢詞，此「中調」「長調」所以倡也。末期人物，則爲周美成與賀鑄，（周名邦彥，自號清眞居士。有清眞集，亦名片玉詞。）（賀有東山寓聲樂府，以青樓案出名。）美成之詞，人稱爲精深華麗，體兼蘇、秦，長調尤善舖張，妙用唐人語，如天衣無縫，渾如己出，可謂能融南北二派，而自爲一宗。又嚴守音律，不獨平仄宜分，即上、去、入亦不相混，以如此嚴格詞律，而出以清麗婉妙之詞。故譽之者稱爲集北宋之大成，爲南宋之宗法也。而與周對起於北者，有古今第一女詞家曰李清照。李號易安居士，爲李格非之女，趙明誠之妻。趙爲金石家，早死，李遭世亂，流離遷徙，其所作在未嬬之前，清麗婉約；既嬬之後，哀豔蒼涼；後人以其身世與作風，追配李煜，稱爲「二李」洵無愧色。有漱玉詞集。以聲聲慢、鳳凰臺上憶吹簫、醉花陰、一剪梅爲最著名。

南宋　朱彝尊詞綜云：「世人言詞，必稱北宋；然詞至南宋，始極其工，至宋季而始極其變。」亦可分三時期言之。初期人物，爲辛棄疾、陸游等。辛棄疾，字幼安號稼軒，曾總師干，富愛國思想，不獲伸其志，乃發之於聲歌，兼有豪放婉約兩派之長。既工且多，有稼軒詞集，爲南宋之大家。陸游號放翁，當南渡之後，興偏安之感，所以奔放雄豪，不屑於靡靡之音。有劍南詞。此二人者，皆受蘇軾之影響，亦金人侵陵之刺激。故此時期爲詞壇奔放時期也。中期有姜白石、吳文英、史達祖等。是爲南渡後詞人已安於偏安，而爲詞之改進時期。姜白石名夔，字堯章，精音律，知樂理，善製新調，氣體清剛，音調諧婉，精斲細磨，低吟絮語，務求其工，高雅勝於稼軒，而眞氣至情則不及，往往因音節而犧牲內容。但後人謂「詞中之有白石，猶文中之韓愈，詩中之杜甫」。有白石道人歌曲四卷，中以暗香疏影二闋爲最有名。至吳文英詞，不過古典豔句堆砌而已。張炎譏其「如七寶樓臺，眩人眼目，拆下來不成片段」，誠爲善喻。蓋詞在意境情韻，不此之務，而專工於字字鍛鍊，句句古典，抑末矣。有夢窗詞集四卷。史達祖則學姜，亦成一家。其他如劉過、劉克莊則學辛而粗率矣。末期人物，爲張炎、周密、王沂孫諸人。炎詞雖多亡國之音，而寓意於詠物之數人者，雖各自成家，而大都琢句鍊字，意境平凡。總之，北宋詞人，以歐、晏、秦、柳、周爲南派之代表，北派則蘇爲首倡者也。南宋亦有南北派之對峙，南派以姜、史、吳、張爲最；北派則辛、劉等爲代表。詞固以南派爲正宗，但其末則一味琢句雕辭，其路已窮，不得不變爲曲矣。南宋亦有女詞家，曰朱淑眞者，嫁人不淑，多幽怨之思，著斷腸詞集，可與李清照先後輝映矣。

第三節　清代詞

元詞有薩都剌、張翥等。明詞有陳子龍。其他雖有人，然遠不及宋，可謂詞學中衰時期。清代爲復興時期，其最著者如顧貞觀之彈指詞，彭羨門之延露詞，納蘭性德之飲水詞，側帽詞，曹貞吉之珂雪詞，王士禎之衍波詞，朱彝尊之

·国学概要·
龙门联合书局
一九四七年版

曝書亭詞，陳其年之烏絲詞。（朱陳二人合刊曰朱陳村詞）皆最著者也。繼有項蓮生之憶雲詞，蔣鹿潭之水雲樓詞。世謂項蔣與納蘭三家可稱詞人之詞。晚近有譚獻、鄭文焯、王鵬運、朱孝臧等，皆自稱傳南派者也。而項蔣納蘭三家，則專師五代。陳其年主豪放，朱彝尊主清婉，又有張惠言、張琦者主蘇、辛，周濟宗主清照矣。清於詞學著述供獻極多。屬於律調者，有萬樹之詞律，康熙之欽定詞譜。屬於選詞者，有朱彝尊之詞綜，康熙之歷代詩餘。屬於評論考證者，有毛奇齡之西河詞話，王士禎之花草蒙拾，彭孫遹之金粟詞話，徐釚之詞苑叢談。而查繼佐之古今詞譜，亦善本也。

第八章　劇曲

曲之意義，宋張表臣珊瑚鉤詩話云：「音節雜比，高下短長，謂之曲。」明徐師曾詩體明辨云：「高下長短，委曲以道其情者曰曲。」至其由來，宋王灼碧雞漫志云：「隋以來，今之所謂曲子者漸興，至唐稍盛，今則繁聲淫奏，殆不可數。古樂變為「古樂府」，「古樂府」變為「今曲子」，其體一也。」是曲出於樂府者也。夫詞亦出於樂府，而詞與曲之區別，可分言之於左：

（一）結構　詞有令、引、近、慢之分。最短者十四字，如竹枝，最長者二百四十字，如鶯啼序，已前言之。有單調一段者，有雙調二段者，至多三四段而止。曲則有一支之「小令」，二支四支之「重頭全套」，有尾的「散套」，「大套」。諸曲調中句字不一，可增減，或加「襯字」，或集調而為犯，或遲其聲而為尾，比詞之變化為多。至曲之平仄韻腳頗活，不若詞有定譜。

（二）音律　古樂皆以「七音」、「十二律」互乘，為「八十四調」。以宮乘律為宮，以其他「六音」乘律為調。入後，宮調漸減，歌法亦異。如詞音簡而便於和歌，曲音繁而期於悅耳。塡詞譜只分平仄，曲則將平、上、去三聲分別清晰。

（三）命意　詞宜雅，曲則通俗。詞爲士人述懷紀興之作，偏於抒情；曲則托之優伶傳神，狀物之處，取其觀感。

（四）使用　詞無科、白，不必扮演，宜坐而唱以協舞。曲有科、白；要裝扮角色、登臺表演。

曲又分「散曲」、「雜劇」、「傳奇」三種。「散曲」再分「小令」與「套數」。「小令」只用一曲，與宋詞同。合一宮調中諸曲以成「套數」。（又名散套）由「套數」組合而成「雜劇」。「傳奇」則又「雜劇」之繁衍。宋代歌曲之通行者爲詞，每歌本以一曲爲度。如趙令時取元微之崔鶯鶯商調蝶戀花詞，用十首蝶戀花詠會眞記之事蹟，作商調鼓子詞，譜於詞曲，然猶不用演白，故祗能應歌曲而不協歌舞也。至於「雜劇」（北宋則限於滑稽、嘲笑，南宋已扮演故事）有唱、有舞，而無所謂科、白。劇本出自教坊，多至二百八十本，今皆不傳。金人有一種「絃索調」，由一手彈琵琶而口中演唱。金章宗時，董解元復譜會眞記事實爲「絃索西廂」，是爲「北曲」之始，亦名西廂搊彈詞。此爲諸宮調本，有曲有白而不演。（彈詞之名，亦始於此。）金人又仿遼「大樂㊀」而創製「連廂詞，」有扮演，有司唱，而各獨立不兼司樂者另有人。至金之「院本」（妓院演唱之劇本）亦爲「雜劇」，但與元劇用科、白者仍不同。（元之「雜劇」唱、做、作一人。）直至元時，劇中加上動作，唱、白全用代言，如關漢卿、鄭光祖、馬致遠、白樸成其「小令」與「套數」，於是劇曲成立矣。故言劇曲者當自金元之北曲始。

註釋：

㊀大樂　掌也樂人。

·国学概要·
龙门联合书局
一九四七年版

第一節 金元之北曲

劇曲形成於宋季，發達於元代，極盛於明清。元曲一名「雜劇，」一名「北曲。」明曲一名「傳奇，」一名「南曲。」王世貞藝苑巵言云：「詞不快北耳而後有北曲，北曲不諧南耳而後有南曲，」蓋元代作者多北人，採用北方音韻。明代作者，多南方人，應用南方音韻。「北曲」與「南曲」之區別，茲先述之。

（一）組織

北曲	南曲
每種四折。㊀	每種多至六十餘折。每折有二字標題。
用一宮調，一韻到底。	宮調不拘，且可換韻。
一人獨唱。	多人合唱。
四折不足，加上楔子，㊁亦有五六折者，但罕見。	無楔子，而納入第一折開場中。
司唱者唱。	演者唱。
北曲篇末都有題目正名。	南曲但有下場詩。

至其辭意、聲韻，又可區別於左：

（二）辭韻

北曲	南曲
勁切雄麗。	清峭柔遠。
字多而調促。	字少而調緩。
辭情多而聲情少。	辭情少而聲情多。
吹樂。	彈奏。
宜和歌。	宜獨奏。
易粗。	易弱。
無入聲。	有入聲。
多襯字，㊂	少襯字。

其比較之要點如此，可知明之「傳奇」較元之「雜劇」，由束縛而進於自由，由簡鍊而入於繁衍，實爲劇曲中一大解放。北曲所謂「折」，在南曲則謂之「齣」。

元曲名作家，先有四大家，而後繼增爲六大家。

（一）關漢卿，大都人。元曲之開山祖師。所著六十三種，以拜月亭、竇娥寃、與救風塵最著。

（二）鄭光祖，平陽人，有雜著十九種。今以㑳梅香、倩女離魂、周公攝政、王粲登樓最有名。

（三）馬致遠，大都人，有雜劇十四種。今以漢宮秋、青衫淚最有名

（四）白樸，眞定人，有雜劇十七種。今以梧桐雨、牆頭馬上最有名。

·国学概要·
龙门联合书局
一九四七年版

(五)王實甫,大都人,作「雜劇」十四種。今以改董解元之西廂詞爲西廂記最著名,稱爲北曲之代表。又擴充「雜劇」篇幅四倍之爲十六齣,是爲「傳奇」之祖。　按王之西廂記係根據元微之會眞記而加以補充;復以趙令時之商調蝶戀花,董解元之西廂搊彈詞爲藍本。其詞藻美豔,罕有其匹。其編撰共有五本,每本四折,即爲五本「雜劇」拚合而成,故爲北曲之「傳奇」。前四本係王編,後一本係關漢卿續,人多言之,尚待考。惟經金聖歎一評改,祇取其文辭,而失「北曲」之風韻,惜哉!

(六)喬夢符,太原人,有金錢記,揚州女,玉簫女最著名。

此外有高則誠之琵琶記,中敍蔡中郎與趙五娘事,蓋本宋人鼓子詞而增飾之,曲詞之工,爲南曲之代表。總之,元曲之妙,在於文辭通俗,意境自然,自非「南曲」之僅工於文章而已。

註釋:

㊀折　北曲曰折,南曲曰齣。

㊁楔子　引端之詞。

㊂襯字　如詞曲句中刊在旁邊之語句,南曲襯字少,北曲襯字多,蓋辭句不足,用襯字以充之。

第二節　明清之南曲崐曲與平劇

曲至明、清,人皆知爲「南曲」戰勝「北曲」,「四折雜劇」已絕響矣。此誠然,而「雜劇」未嘗無新著,特以傳奇爲優勝耳。明人所作雜劇,已不如元人之守格律,不獨多用南音,且不專限於「四折」,有一折爲一種者,亦有

·国学概要·
龙门联合书局
一九四七年版

五折、七折爲一種者。明初、周憲王所作，多至二十七種，總名曰誠齋樂府。在憲王後五十年，作者又大興，如王九思等直至明末作品在百種以上，尤以徐渭之四聲猿爲著。徐渭詩文奇詭，四劇爲漁陽弄、翠鄉夢、雌木蘭、女狀元。每劇只一折。後人仿之者，有清桂馥之後四聲猿。惟明初有四大傳奇，謂之荊、劉、拜、殺。茲分述之。

（一）荊釵記，爲寧獻王權著。共四十八齣，敍宋王十朋與錢玉蓮以荊釵訂婚，悲歡離合事。

（二）劉知遠著白兔記，敍劉知遠賤時與富女李三娘結婚，知遠投軍，三娘被兄嫂虐待，生子咬臍兒，托人送與知遠。子長大，一日逐白兔，遇其母，始迎歸，骨肉團圓。

（三）拜月亭，一名幽閨記，元施耐菴著。敍金時興福與蔣瑞蓮；蔣世隆與瑞蘭離合事。

（四）殺狗記，明初徐㽔作。敍孫華疏其弟而親外人，其妻殺狗勸夫，終使兄弟和好。

但此四作，詞多俚俗。洎乎中葉，有王九思之杜甫遊春，梁辰漁之浣紗記，皆稱名著。及湯顯祖起，有「臨川四夢」，遂生異彩。四夢者（一）牡丹亭，（二）南柯記，（三）邯鄲夢，（四）紫釵記。（又幷紫簫記爲五種。）牡丹亭又名還魂記。此四著皆托於夢，故云「臨川四夢」。臨川爲湯顯祖之故鄉，江西臨川。此四夢中，以牡丹亭爲最著，敍杜麗娘與柳夢梅結合事，辭意皆深情麗藻，奪目驚心。惟知音者惜其不諧律耳。及明末，阮大鋮以一奸佞之徒，工於媚惑，著有燕子箋、春燈謎等。以燕子箋敍唐時少年霍都梁與宮女酈飛雲離奇結合事，亦已擅場一時矣。

清初，「傳奇」作家踵起，最早者尤侗，著鈞天樂、黑白衛。才思橫溢，不爲音律所束。繼之者有李漁「十種曲」，曰「風筝誤、慎鸞交、奈何天、憐香伴、比目魚、意中緣、玉搔頭、蜃中樓、巧團圓、鳳求凰」，皆喜劇也。後有洪昇之長生殿，純以長恨歌與傳爲根據，凡五十齣，音律與詞采，突過白樸之梧桐雨及明人之驚鴻記、綵毫記等。書既出，演唱無虛日，雖國忌日，亦張樂設宴以歌之，言官劾「大不敬」，昇與趙執信皆貶斥，時人詠之曰：「可憐一曲長生殿，斷送功名到白頭」可見是書之聲價矣。孔尚任有桃李扇傳奇，以侯方域與名妓李香君事做線索，寫明亡之慘痛。尤以餘韻爲精采，且精於劇藝，賓白動作，皆斟酌至當，不容增損，其享名非偶然也。乾隆時，有蔣士銓「九種曲」曰：「香祖樓、空谷香、桂林霜、一片石、第二碑、臨川夢、雪中人、冬青樹、四絃秋」亦堪稱之後勁。

然明之中葉，「崑曲」興起，當嘉靖隆慶間，崑山人魏良輔與梁伯龍因南北曲腔調支離，乃共研聲調，考訂琵琶板式，造「水磨調」（即崑曲）付之伯龍歌唱，流麗悠揚，駕當時諸腔舊調之上，於是風行於世。如桃花扇、長生殿，皆遵崑腔。自「崑腔」改任管笛絃索，遂流於北部，在陝便成「秦腔」，「秦腔」一名「梆子腔」，於是陝隴蜀諸地之聲，合成其腔，高亢噍殺，伴奏者以觱篥爲主，以板胡（似胡琴）爲副，以梆子爲節，着力在梆子，故調急而豪壯。入清，「皮黃」產生，又取「崑曲」地位而代之。「皮黃」即今所謂「平劇」，在昔謂之「京戲」，又謂「亂彈」對崑曲而言，蓋「崑曲」板眼、字音，一絲不苟；「京戲」則亂彈矣。而「京戲」原名「徽調」，「徽調」實本「漢調」，「漢調」之先，實爲「襄陽腔」。「襄陽腔」之來源有二：一自秦，「西皮」是也。一自黃岡、黃陂之間，「二黃」是也。「西皮」爲秦腔之一，惟不可用梆子、板胡，而用皮胡（胡琴）可與「二黃」合而爲襄陽之主腔。「徽調」既盛，「崑曲」即衰。「徽調」流入清之北京，京人好之，乃以京語代徽語，於是「徽調」遂成「京調」，風靡全國。清既亡國，此風未衰，特自新文化運動以來，有用歐化編製歌劇、話劇；猶待其能融貫中外文學音樂，創爲一偉大之新劇本。

·国学概要·
龙门联合书局
一九四七年版

第九章　小說

小說之名，始見於莊子外物篇云：「飾小說以干縣令。」桓譚云：「小說家合殘叢小語，近取譬喻，以作短書，治身理家，有可觀之辭。」班志云「小說家者流，蓋出於稗官，街談巷語，道聽塗說之所造也。」近人謂小說起源於古代之神話與傳說，誠然。周秦諸子書中散見小說之材料者頗夥，惜未蒐集成書。有之，自山海經始，相傳爲大禹所著，已不可考。而如班志所云，立有稗官使掌小說，則知古之王者欲知輿論里俗，亦重視之。班志所錄小說十五家，有一千三百八十篇，其中有漢武時方士虞初周說九百四十三篇，則虞初爲小說之鼻祖，周說又爲小說之專章。後之作者漸多，其範圍據唐人說薈分爲「別傳」「劍俠」「豔情」「神怪」四種。又明胡應麟分六種曰：「志怪」；曰：「傳奇」；曰：「雜錄」；曰：「叢談」；曰：「辯訂」；曰「箴規」。又四庫全書書目提要分三種：一曰「敍述雜事」，如西京、世說之屬；二曰「記錄異聞」，如山海經、穆天子傳、搜神記之屬；三曰「綴輯瑣語」，如博物志、述異記之屬。按說薈之「別傳」，胡氏之「辯訂」、「箴規」，皆不切於小說之性質，而近人於性質上分爲「社會」、「言情」、「歷史」、「劍俠」，似較妥適。以言其作法，則有「浪漫」與「紀實」，「長篇」與「短篇」之分。今以小說之有專篇言之，當自漢始。

第一節　漢魏晉小說

漢代小說，今多載在漢魏叢書中，如穆天子傳、神異經、海內十洲記、漢武故事、漢武內傳、飛燕外傳、雜事祕辛、吳越春秋、越絕書之屬。神異經、十洲記題爲東方朔作，恐係僞託。漢武內傳題爲班固撰，實係齊王儉著。飛燕外傳舊題漢伶玄撰。另有西京雜記，原二卷，今分六卷，題漢劉歆撰。唐志云葛洪撰，實係梁吳均著。雜事祕辛，爲明楊愼僞撰。凡此諸作，皆社會、言情、神怪之性質，而出於筆記者也。尙不得以唐之「短篇小說」論。且其內容又涉於怪誕，未足爲正式小說。至魏晉六朝之小說，則更敷佈仙、道、怪異之色彩，又受佛教之影響，所以雜有果報之談。惟文筆簡嚴者，如晉干寶搜神記八卷，嘗感其父死而再生，及其兄氣絕復蘇，乃撰是記，以明神道不誣。記中如狐化少年，以試張華之才華；及李進勍放魚獲報事。其文筆縟麗者，如苻秦王嘉之拾遺記，述庖犧至晉之奇談珍聞，第十卷述崐崘山、蓬萊山之傳說，語多荒誕妖妄。陶潛之搜神後記，任昉之述異記，疑爲後人僞託。而如劉宋臨川王義慶之世說新語，多誌漢晉以來瑣事雋言，有裨於文學，然非小說之體裁。其以結構謹嚴、組織完密，文辭雅潔而合於「短篇小說」「傳奇小說」「文言小說」者，當自唐代始。

第二節　唐宋小說

唐之小說，已不如魏晉以前之瑣雜記載，無整篇之描寫；而能敍述宛轉，有布局，有文辭，爲一人一事之正式短篇小說，故小說至唐始成立。撰述既多，傑作亦夥。茲照唐人說薈之分類，每種擇其較著者錄之於左：

A. 別傳（史外的逸聞）

（一）虬髯客傳，——唐張說撰。記李靖遇紅拂事。

（二）梅妃傳——唐曹鄴撰。記玄宗寵妃江采蘋性愛梅，失寵事。

(三)長恨歌傳——唐陳鴻撰。是即白居易長恨歌之傳。

(四)李衛公別傳——撰者無名。記唐李靖（封衛國公）年少時，出獵迷途，晚宿龍宮，爲之代雨事。

(五)高力士傳——唐郭湜撰。記高力士爲玄宗之忠僕。

B.劍俠（俠男俠女之武勇）

(一)紅線傳——唐楊巨源撰。記潞州節度使薛嵩家之青衣名紅線，善彈阮咸，又通經史，因爲嵩司文書，曾依嵩夜探博州節度使田承嗣之虛實，瞬息間往返七百里。

C.豔情

(一)霍小玉傳——唐蔣防撰。記唐詩人李益曾定情於妓女霍小玉，後益顯達，負約別娶，小玉鬱死。

(二)李娃傳——唐白行簡撰。敍鄭生遊京師，遇妓女李娃，財盡，被鴇母所逐，因窮困流爲送葬者「奏挽歌」之人，後仍得李娃之力，發跡而成夫婦。

(三)章臺柳傳——唐許堯佐撰。記唐詩人韓翃愛友人李姓之寵姬柳氏，李生即以贈翃。適安祿山亂，翃又歸家，柳氏匿跡於法靈寺。翃恐其爲他人所得，曾寄詩云：「章臺柳，章臺柳，昔日青青今在否，縱使長條依舊垂，也應攀折他人手。」柳氏答詩云：「楊柳枝，芳菲節，所恨年年贈離別，一葉隨風忽報秋，縱使君來豈堪折。」後柳氏被蕃將沙吒利所得，翃從侯希逸入朝，尋柳氏不遇，甚悵，旋得俠士許俊力，竊還柳氏。

(四)會眞記——唐元稹撰。記張生與崔鶯鶯戀愛事，後爲趙令時譜爲商調鼓子詞，董解元改爲西廂搊彈詞；王實甫又爲西廂記之曲本。

·国学概要·
龙门联合书局
一九四七年版

D.神怪

（一）南柯記——唐李公佐撰。敍晝寢槐樹之下，爲槐安國王贅附馬，統治「南柯郡」一夢事。假託而譏諷人生之富貴。

（二）枕中記——唐李泌撰。記盧生在邯鄲之客舍，借仙翁之枕而寢，在夢中五十年，備極尊榮。及醒，仙翁仍在，而主人蒸黃粱未熟。意諷人生富貴，實如黃粱一炊之夢而已。

以上二記，爲湯臨川「四夢」中之南柯記與邯鄲記之藍本。又「別傳」之（二）（三）爲白樸之梧桐雨、屠龍之綵毫記，吳世美之驚鴻記，洪昇之長生殿藍本。

小說至宋而劇變，由文言而變語體，故唐代文言，即對於宋之白話而言；由短篇而長篇，即唐代短篇對宋之長篇而言；由「傳奇」而「章回」，即唐代「傳奇」對宋之「章回」而言。雖有模仿唐人者，爲數不鮮。而宋人之長，卻在語體與章回，已開元明清小說家之先路矣。宋人白話小說謂之「諢詞小說」，又謂之「平話」。郭瑛七修類稿云：「宋仁宗時，國家閒暇，日欲進一奇怪之事以娛之，故「小說得勝頭回」之後，即云「話說趙宋某年」」「平話」，又曰「評話」，即爲演講故事之藍本。其存於今者，有新編五代史評話，爲一種歷史演義，開後世章回小說之祖。通俗小說殘本各段自爲起訖，爲後世今古奇觀之體裁。宣和遺事，爲水滸所宗。大唐三藏法師取經記爲西遊之雛形。京本通俗小說亦殘缺，存卷十至十六七篇，每篇敍一事，如碾玉觀音、菩薩蠻、西山一窟鬼、志誠張主管、拗相公、錯斬崔寧、馮玉梅團圓。馮玉梅事中，有「話須通俗方傳遠，語必關風始動人」二語，可表示宋代平話之宗旨矣。

·国学概要·
龙门联合书局
一九四七年版

第三節　元、明、清小說

元代以蒙古入主中華，醉心漢族文化，傾向於娛樂方面，所以「雜劇」與「小說」極爲發達。又以不諳中國之文章，與習於語言；故「雜劇」幾等語體，小說之取白話，承宋之後，更形發展。其最著名者，兩部長篇章回小說，爲水滸與三國志演義，配以當時之「雜劇」與琵琶記，稱爲「元代四大奇書。」後配以明人之西遊記與金瓶梅，稱爲「小說四大奇書。」

(一)水滸卷數，與作者，至今考者紛紜，莫能定，有謂羅貫中作，有謂施耐庵作，惟自金聖歎七十回本流行，後人多以爲施作。敍梁山泊俠盜宋江等三十六人故事，根據周密癸辛雜誌及宣和遺事所載，而益以「地煞」七十二人，爲一百八人。其寫諸人個性，咸奕奕如生，文筆爽辣，白描之能手。

(二)三國志演義，傳爲元明間錢塘人施耐庵弟子羅貫中著。全本百二十回，以「桃源結義」始，以「三分統一」終。多據陳壽三國志，間亦採取民間傳說，而加以推演。但限於史乘，不能任意揮灑，故情趣不及水滸，然較之其他歷史小說，則亦趣味盎然矣。

明代文學，率皆模仿失之腐廓，然於劇曲及小說，則有獨到之成績。但釋道二教，至明中葉已顯赫，所以小說中思想與材料，不免有妖妄之說。平妖傳開其先，四遊記㊀繼其後，而大集成於西遊記，此皆係神仙妖怪之作。其關於人事者，亦有不出於因果之觀念。茲錄其著名者於左：

(一)西遊記有四十一回本，與一百回本。四十一回本，題爲齊雲楊志和編，天水趙景眞校。至清，有丁晏與阮葵生證明爲明人吳承恩作。全書敍唐名僧玄奘遊歷印度事，前九回，敍孫悟空得仙被降事；次四回敍魏徵斬龍，太宗入冥，劉全進瓜，及玄奘西行求經。十四回以下，敍玄奘道中收徒遇難，見佛得經東歸。一百回本出於四十一回本之後，世多以爲元初道士邱處機作。邱固嘗西行，李志常記其事爲長春眞人西游談，凡二卷，在道藏中。此本敍事較四十一回文勢開展，所以此本盛行。

評西游記者甚夥，或謂勸學，或謂記禪，或謂講道，而清人謝肇淛評之曰：「西游記曼衍虛誕，而其縱橫變化，以猿爲心之神，以豬爲意之馳，其始之放縱，上天下地，莫能禁制，而歸於緊箍一咒，能使心猿馴服，至死靡他，蓋亦求其放心之喻，非浪作也。」

（二）金瓶梅敍述西門慶家庭中淫穢之事，本見於水滸，但水滸不工於婦女之描寫，是書乃取其間之一節，刻意渲染，未免過於猥褻，因以淫書名之，遂爲法禁。但奇文終未可滅。全書百回，不知作者姓名，相傳文學家王世貞父、爲嚴嵩誣死，嵩子世蕃實陷其罪，而好淫書，又恆以指沾唾翻書，世貞爰著是書，以毒藥漬紙書之。世蕃得書，一夕閱竟，毒發遂斃云。或又謂死者非世蕃，而爲世蕃之友唐順之。順之固譖世貞之父者也。

（三）今古奇觀與京本通俗小說同體，全書四十回，每回記一事，有明人著，有清人著，又有謂係抱甕老人節拍案驚奇而成，爲短篇小說集。

（四）三保太監西洋記演義百回，敍永樂中太監鄭和、王景宏、侯顯三人宣服外夷三十九國，使之朝貢，以「五鬼鬧判」「五鼠大鬧東京」爲精采。不知何人所著。

（五）封神傳一百回，侈談神怪，什九虛構，較水滸而失空洞，比西遊記而雄肆，固不能與二書鼎足。

其他如東周列國志、好逑傳、玉嬌梨、平山冷燕，亦各有專美。

清代小說亦極發達，長篇短篇語體文言各臻其美，亦承唐宋之嗣響。長篇最著者有紅樓夢，儒林外史；次有兒女英雄傳，鏡花緣等；短篇以聊齋志異最有名，閱微草堂筆記次之；最後則以老殘游記與孽海花著稱。

（一）紅樓夢著者，曹雪芹。祖庚、父頫，先後任江寧織造。雪芹曾中鄉試，少席豐厚，既而中落。其書以賈寶玉爲主人，副以金陵十二釵，以林黛玉與薛寶釵二人，遇事爭硏鬭寵，卒之林敗而薛勝。寶玉以舊家庭制度，婚姻不得自由，遂遁迹方外以終。其寫愛情與哀情，固深刻無匹；卽權勢之盛衰，家庭之瑣屑，無不形容畢肖，足昭炯戒。全書計男子二百三十五，女子二百十三，規模偉大，結構精密，爲古今中外第一言情小說。水滸傳之妙處在能各式各樣，描寫三十六男子之剛武；紅樓夢之妙處，務在各式各樣發揮諸女子之性美，曲盡溫柔、優雅、拘執、嫉妬、陰險之性，致各盡其妙。有謂記故相明珠家事，寶玉卽明珠之子，納蘭性德者；有謂記清世祖董鄂妃故事者；有謂記康熙朝政治狀況者；有謂演清世宗兄弟爭立事者；有謂雪芹自述生平者，但皆未可確定。現出有紅樓夢索隱一書。紅樓夢亦嘗入禁例，故坊肆屢更其名，曰：石頭記，曰、情僧錄，曰：風月寶鑑，曰：十二釵。有八十回本，百二十本，今世通行者後本也。

（二）儒林外史五十五回。清乾隆時吳敬梓著。吳舉鴻博不應，家道本豐，以不治生產，遂中落。是書寫社會風俗，深刻冷雋，而描寫科舉時代之頹風，尤臻淋漓盡致，亦小說之雄者也。

（三）兒女英雄傳，五十三回，今殘存四十回。清道光中文康作，題爲燕北閒人著。敍一俠女何玉鳳任俠，嫁於孝子安驥之豔事。蓋文本旗籍，以諸子不肖，家中落，因抒寫一理想家庭以自慰。

（四）鏡花緣，一百回。清乾隆時李汝珍作。敍唐武后開科試才女事。蓋李多才藝而不得志，書多幻想，與寫實派

·国学概要·

龙门联合书局
一九四七年版

殊途而反對社會制度，爲一討論婦女問題之小說

(五)聊齋志異八卷。清康熙時蒲松齡著。蒲懷才不遇，乃託於仙狐鬼魅之談，其文筆典雅可頌。

(六)閱微草堂筆記，原分五種，清乾隆時紀昀著，所記亦如聊齋志異，多狐鬼事，但文筆以簡峭勝。

(七)老殘游記二十章，題爲「洪都百鍊生」著，實則光緒間劉鶚作，爲諷世小說。

(八)孽海花，六十回，書僅二十回。清光緒間曾樸著。書中人物各有影射，文筆淋漓，亦諷世小說。

其他若七俠五義，光緒初始出。今本爲俞樾所改，敍諸俠義事以包拯爲主。虞初新續志從各文集中、選其富於文筆事跡者，輯爲一編。魏子安之花月痕，吳研人之二十年目覩之怪現狀，李伯元之官場現形記，皆有可稱，而以後二者諷世，入人深矣。

註釋：

㈠四遊記　元人楊維楨著。仙遊，夢遊，俠遊，冥遊之四遊，爲彈詞之作。

·国学概要·

龙门联合书局

一九四七年版

勘　誤　表

第幾頁	第幾行	第幾字	原　字	誤　作
目錄 8	9	7,8	散文	文散
42	5	8,9	蒼頡	頡蒼
46	15	36	瓘	璀
52	5	4	鬣	髤
54	2	11,12	今韻	今音
54	8	30	棫	栻
54	10	30	古音義	釋音義
54	12	7	聲韻表	聲類表
55	1	39	萬	單
55	4	8	眞宗	神宗
55	4	23	二萬	二單
56	7	8	厲	需
56	8	24	短促	促促
57	6	20	大才	不才
135	12	7	俳賦	佛賦
138	14	4	詩	漏去
141	11	30	賦	文
143	6	24	悔	追
156	15	18	秋	秼
163	11	27,28	回頭	頭回

·国学概要·

龙门联合书局
一九四七年版

中華民國三十五年七月初版
中華民國三十六年八月再版

國學概要

實價七元五角
外埠酌加郵運費

版權所有
翻印必究

編著者　陶庸生
出版者　嚴幼芝
茂名北路三〇〇弄三號
電話三〇二七七號
發行者　龍門聯合書局
河南中路二一〇號
電話一七六七四號
分售處　南京北平重慶廣州漢口杭州各分局

·国学概要·

龙门联合书局
一九四七年版

图书在版编目（CIP）数据

国学概论选粹. 2, 国学概要/杜泽逊主编. —青岛 ：青岛出版社，2023.1
ISBN 978-7-5736-0613-6

Ⅰ. ①国… Ⅱ. ①杜… Ⅲ. ①国学一概论 Ⅳ. ①Z126

中国版本图书馆CIP数据核字（2022）第236762号

GUOXUE GAILUN XUANCUI
书　　名　**国学概论选粹**
主　　编　杜泽逊
出版发行　青岛出版社
社　　址　青岛市崂山区海尔路 182 号（266061）
本社网址　http://www.qdpub.com
邮购电话　0532-68068091
策划编辑　刘　咏
责任编辑　吴清波　梁　娜
特约校对　朱子菡　李康康
封面设计　李开洋
装帧设计　青岛齐合传媒有限公司
印　　刷　青岛名扬数码印刷有限责任公司
出版日期　2023年1月第1版　2023年1月第1次印刷
开　　本　16开（889 mm × 1194 mm）
印　　张　150.75
字　　数　2000千
印　　数　1—3000
书　　号　ISBN 978-7-5736-0613-6
定　　价　698.00元（全六册）
编校印装质量、盗版监督服务电话　4006532017　0532-68068050